历史文化名城

主编／段柄仁

北京的城墙与城门纵览

宋卫忠／编著

北京出版集团公司
北京出版社

图书在版编目（CIP）数据

北京的城墙与城门纵览／宋卫忠编著．— 北京：北京出版社，2018.8
（京华通览／段柄仁主编）
ISBN 978-7-200-13871-9

Ⅰ．①北… Ⅱ．①宋… Ⅲ．①城墙—介绍—北京 Ⅳ．① K928.77

中国版本图书馆 CIP 数据核字（2018）第 017238 号

出 版 人	曲　仲
策　划	安　东　于　虹
项目统筹	董拯民　孙　菁
责任编辑	董拯民　沈　方
封面设计	田　晗
版式设计	云伊若水
责任印制	燕雨萌

"京华通览"丛书在出版过程中，使用了部分出版物及网站的图片资料，在此谨向有关资料的提供者致以衷心的感谢。因部分图片的作者难以联系，敬请本丛书所用图片的版权所有者与北京出版集团公司联系。

京华通览
北京的城墙与城门纵览
BEIJING DE CHENGQIANG YU CHENGMEN ZONGLAN
宋卫忠　编著
*
北京出版集团公司
北京出版社　出版
（北京北三环中路 6 号）
邮政编码：100120

网　　址：www.bph.com.cn
北京出版集团公司总发行
新 华 书 店 经 销
天津画中画印刷有限公司印刷
*
880 毫米 ×1230 毫米　32 开本　7.25 印张　149 千字
2018 年 8 月第 1 版　2022 年 11 月第 3 次印刷
ISBN 978-7-200-13871-9
定价：45.00 元

如有印装质量问题，由本社负责调换
质量监督电话：010-58572393

《京华通览》编纂委员会

主　　任　段柄仁
副 主 任　陈　玲　曲　仲
成　　员　（按姓氏笔画排序）
　　　　　于　虹　王来水　安　东　运子微
　　　　　杨良志　张恒彬　周　浩　侯宏兴
主　　编　段柄仁
副 主 编　谭烈飞

《京华通览》编辑部

主　　任　安　东
副 主 任　于　虹　董拯民
成　　员　（按姓氏笔画排序）
　　　　　王　岩　白　珍　孙　菁　李更鑫
　　　　　潘惠楼

序

PREFACE

擦亮北京"金名片"

段柄仁

北京是中华民族的一张"金名片"。"金"在何处？可以用四句话描述：历史悠久、山河壮美、文化璀璨、地位独特。

展开一点说，这个区域在 70 万年前就有远古人类生存聚集，是一处人类发祥之地。据考古发掘，在房山区周口店一带，出土远古居民的头盖骨，被定名为"北京人"。这个区域也是人类都市文明发育较早，影响广泛深远之地。据历史记载，早在 3000 年前，就形成了燕、蓟两个方国之都，之后又多次作为诸侯国都、割据势力之都；元代作为全国政治中心，修筑了雄伟壮丽、举世瞩目的元大都；明代以此为基础进行了改造重建，形成了今天北京城的大格局；清代仍以此为首都。北京作为大都会，其文明引领全国，影响世界，被国外专家称为"世界奇观""在地球表面上，人类最伟大的个体工程"。

北京人文的久远历史，生生不息的发展，与其山河壮美、宜生宜长的自然环境紧密相连。她坐落在华北大平原北缘，"左环沧海，右拥太行，南襟河济，北枕居庸""龙蟠虎踞，形势雄伟，南控江淮，北连朔漠"，是我国三大地理单元——华北大平原、东北大平原、内蒙古高原的交会之处，是南北通衢的纽带，东西连接的龙头，东北亚环渤海地区的中心。这块得天独厚的地域，不仅极具区位优势，而且环境宜人，气候温和，四季分明。在高山峻岭之下，有广阔的丘陵、缓坡和平川沃土，永定河、潮白河、拒马河、温榆河和蓟运河五大水系纵横交错，如血脉遍布大地，使其顺理成章地成为人类祖居、中华帝都、中华人民共和国首都。

这块风水宝地和久远的人文历史，催生并积聚了令人垂羡的灿烂文化。文物古迹星罗棋布，不少是人类文明的顶尖之作，已有1000余项被确定为文物保护单位。周口店遗址、明清皇宫、八达岭长城、天坛、颐和园、明清帝王陵和大运河被列入世界文化遗产名录，60余项被列为全国重点文物保护单位，220余项被列为市级文物保护单位，40片历史文化街区，加上环绕城市核心区的大运河文化带、长城文化带、西山永定河文化带和诸多的历史建筑、名镇名村、非物质文化遗产，以及数万种留存至今的历史典籍、志鉴档册、文物文化资料，《红楼梦》、"京剧"等文学艺术明珠，早已成为传承历史文明、启迪人们智慧、滋养人们心灵的瑰宝。

中华人民共和国成立后，北京发生了深刻的变化。作为国家首都的独特地位，使这座古老的城市，成为全国现代化建设的领头雁。新的《北京城市总体规划（2016年—2035年）》的制定和中共中央、国务院的批复，确定了北京是全国政治中心、文化中心、国际交往中心、科技创新中心的性质和建设国际一流的和谐宜居之都的目标，大大增加了这块"金名片"的含金量。

伴随国际局势的深刻变化，世界经济重心已逐步向亚太地区转移，而亚太地区发展最快的是东北亚的环渤海地区、这块地区的京津冀地区，而北京正是这个地区的核心，建设以北京为核心的世界级城市群，已被列入实现"两个一百年"奋斗目标、中国梦的国家战略。这就又把北京推向了中国特色社会主义新时代谱写现代化新征程壮丽篇章的引领示范地位，也预示了这块热土必将更加辉煌的前景。

北京这张"金名片"，如何精心保护，细心擦拭，全面展示其风貌，尽力挖掘其能量，使之永续发展，永放光彩并更加明亮？这是摆在北京人面前的一项历史性使命，一项应自觉承担且不可替代的职责，需要做整体性、多方面的努力。但保护、擦拭、展示、挖掘的前提是对它的全面认识，只有认识，才会珍惜，才能热爱，才可能尽心尽力、尽职尽责，创造性完成这项释能放光的事业。而解决认识问题，必须做大量的基础文化建设和知识普及工作。近些年北京市有关部门在这方面做了大量工作，先后出版了《北京通史》（10卷本）、《北京百科全书》（20卷本），各类志书近900种，以及多种年鉴、专著和资料汇编，等等，为擦亮北京这张"金名片"做了可贵的基础性贡献。但是这些著述，大多是服务于专业单位、党政领导部门和教学科研人员。如何使其承载的知识进一步普及化、大众化，出版面向更大范围的群众的读物，是当前急需弥补的弱项。为此我们启动了《京华通览》系列丛书的编写，采取简约、通俗、方便阅读的方法，从有关北京历史文化的大量书籍资料中，特别是卷帙浩繁的地方志书中，精选当前广大群众需要的知识，尽可能满足北京人以及关注北京的国内外朋友进一步了解北京的历史与现状、性质与功能、特点与亮点的需求，以达到"知北京、爱北京，合力共建美好北京"的目的。

这套丛书的内容紧紧围绕北京是全国的政治、文化、国际交往和科技创新四个中心，涵盖北京的自然环境、经济、政治、文化、社会等各方面的知识，但重点是北京的深厚灿烂的文化。突出安排了"历史文化名城""西山永定河文化带""大运河文化带""长城文化带"四个系列内容。资料大部分是取自新编北京志并进行压缩、修订、补充、改编。也有从已出版的北京历史文化读物中优选改编和针对一些重要内容弥补缺失而专门组织的创作。作品的作者大多是在北京志书编纂中捉刀实干的骨干人物和在北京史志领域著述颇丰的知名专家。尹钧科、谭烈飞、吴文涛、张宝章、郗志群、姚安、马建农、王之鸿等，都有作品奉献。从这个意义上说，这套丛书中，不少作品也可称"大家小书"。

总之，擦亮北京"金名片"，就是使蕴藏于文明古都丰富多彩的优秀历史文化活起来，充满时代精神和首都特色的社会主义创新文化强起来，进一步展现其真善美，释放其精气神，提高其含金量。

2017 年 11 月

目录

CONTENTS

绪 言 / 1

辽代以前

琉璃河遗址 / 7
西周燕都的建立 / 7
琉璃河遗址 / 10

蓟 城 / 17
蓟国与蓟城 / 17
燕都蓟城 / 21
秦汉至五代的蓟城 / 25

其他城垣遗址 / 30
窦店古城 / 31
蔡庄土城遗址 / 32

　　　　　　　　　长沟古城 / 34

　　　　　　　　　清河古城 / 34

　　　　　　　　　广阳古城 / 36

　　　　　　　　　军都故城 / 36

　　　　　　　　　安乐古城 / 37

辽金时期　　　辽代南京城 / 40

　　　　　　　　　辽南京的建立 / 40

　　　　　　　　　辽南京外城 / 43

　　　　　　　　　辽南京皇城 / 49

　　　　　　　金中都 / 53

　　　　　　　　　金中都的营建 / 53

　　　　　　　　　金中都大城 / 58

　　　　　　　　　金中都皇城与宫城 / 65

元大都时期　元大都的营建 / 74

　　　　　　　　　忽必烈定都燕京 / 74

　　　　　　　　　大都的选址 / 78

　　　　　　　　　大都的设计与施工 / 81

　　　　　　　元大都大城 / 85

　　　　　　　　　大城总体布局 / 85

　　　　　　　　　大城的构筑与防雨 / 91

　　　　　　　　　大城城门 / 94

元大都皇城与宫城 / 99

　　元大都皇城 / 99

　　元大都宫城 / 103

明清时期

明清北京城的形成 / 109

　　洪武年间的北平 / 109

　　永乐迁都 / 112

　　正统年间营缮京师 / 116

　　嘉靖年间修筑外城 / 118

　　清朝前期的北京城 / 122

北京外城 / 125

　　外城城垣 / 125

　　外城的城门 / 129

北京内城 / 143

　　内城城垣 / 143

　　内城城门 / 148

明清北京的皇城与宫城 / 168

　　皇城城垣与城门 / 168

　　宫城城垣与城门 / 177

晚清民国时期

晚清北京的城墙与城门 / 188

　　西方列强的武力破坏 / 188

城墙城门的修缮与变化 / 193

民国时期北京的城墙与城门 / 200
    皇城改造与皇城墙的拆卖 / 200
    正阳门改造与环城铁路 / 204
    内城新辟城门 / 210

参考文献 / 215

后　记 / 219

绪　言

北京是一座有悠久建城史的著名古都和历史文化名城。北京的城墙和城门，是北京城最重要的组成部分之一，也是北京历史发展的重要标志，历史文化价值极高。

北京城墙和城门的产生、发展、演变，与北京地区的地理位置和政治地位的变迁关系十分密切。北京位于华北平原和内蒙古高原的交会之处，处于农耕文明与游牧文明的分界地带，历来就是多民族杂居之地。北京还是从东北平原、内蒙古高原进入华北平原的三条道路的交会点，也是太行山东麓南北通道的终点，地理位置具有至关重要的战略意义。北京地理位置的战略意义，使得北京地区自古以来就是兵家必争之地，军事功能突出的城墙自然成为建设的重点。

早在史前时代，在与中原和塞外文明密切的交流往来中，北京地区的文化不断发展进步。原始社会末期，北京先民的生活由原始聚落进入到早期城市阶段。由于社会生产力水平有了比较大的提高，社会分工和交换进一步发展，私有制开始萌芽，氏族首领之间的掠夺财产的战斗也开始频繁地发生。一些经济发达、交通便利的聚落，建立起最早的都邑。出于防范野兽以及敌对部族的袭击，原始先民在聚落周围挖掘壕沟，成为城墙的起源。

进入奴隶社会以后，北京地区形成了奴隶制方国，后又成为西周王朝分封的诸侯国。为了防御外族入侵，保护本方人员的生命财产不受侵扰，城墙原有的对外军事防御功能被延续和不断强化。经过长期的应用发展，以稳定的系列组成要素，初步形成系统的防御体系。同时，城墙对内维系城市内部的等级秩序，保障日常使用等方面的功能也日益突出。春秋、战国时期的很多文献中都记载了当时"筑城以卫君，造郭以守民"，既强调了城墙的军事防御功能，又说明了城墙划分君民的功能。这种以宫城城墙区隔诸侯国君和下层平民、奴隶的方式，在西周燕国的都城也有所体现。在遗址保留较完整的河北易县燕下都，城址中部就有一道隔墙，将城市分为两个部分，将宫殿区、生活区与军事驻扎区等分开。这种分割君民、等级的做法后世不断加强，发展到清代，则上升成为"满汉分居"的格局。

秦汉至唐五代时期，北京或为中原王朝经略北方地区的重镇、南北贸易的枢纽，或为少数民族南下的据点。在此过程中，北京地位不断得到提升，最终发展为北方多民族聚居的大都市。这一时期的城墙也在修建、破坏的反复中，不断提高规格，使北京成为华北地区最坚固的城池。

辽金时期，北京成为中国北方的政治中心。城市地位和身份发生了变化，城墙的结构和布局也随之产生变化。辽南京虽沿用唐五代幽州城，但出现了皇城和专门的宫殿区，以及与之相适应的城墙、城门。金中都则是北京建都的开始，对辽南京的城墙和城门进行了大规模的改造，以儒家思想观念对城市进行规划。在城市中部建立皇城和宫城，以中轴线的形式将重要的城门和宫殿加以布置，强化"天子居中"的观念。

元大都在平地另造新城，用整体规划的方式，将统治者的观念在城墙和城门的设置上体现无遗，成为当时世界上最宏大华丽的都城。明清两代更是在元大都基础上进行改造，将北京塑造成中国传统文化最典型的体现。一层层城墙即是抵御外敌的坚固屏障，又营造出一种专制君主唯我独尊、皇权至高无上的氛围。

北京的城墙和城门，除了军事和政治功能以外，由于与城市居民的生活息息相关，对人们的观念文化以及休闲娱乐等都产生了重大影响。城墙属于北京城市意象空间的构成要素中的一个独特地标、节点，它的围护让人们拥有了十足的安全感的同时，也成为人们地理定位和区别城乡的重要参照。不论是外地人或本地人，都可以借城墙确定自己所处的位置，估计出城中某一点大致的方向和距离，带来清晰的方向感和心理上的安全感。各个城门不同的功能、城门内外的景致，以及瓮城内的宗教建筑等等，也都是人们生活的一部分。爬城墙、捉蛐蛐、摘酸枣、逛庙会、扫墓、挖野菜、踏青等等，人们在适应城墙城门营造出来的空间的同时，也利用城墙和城门创造出十分绚烂多彩、生动活泼的大众文化。

近代以后，在西方列强的武装侵略之下，北京的城墙和城门遭受了沉重的劫难，不少建筑毁于战火。清王朝的覆灭，各种宫禁被废除，皇城的改造使皇城在城墙消失后，变得模糊不清。与这些相比，对城墙和城门影响更大、更深远的因素，是日益发展的城市现代化。古老的城墙到近代以后，其原有的功能逐渐丧失，特别是民国建立以后，传统帝都与近代城市之间的矛盾冲突日益严重。新式交通工具的出现，近代市政的建设、新的都市功能的需求等等，对城墙和城门产生了很大的冲击。一些城门的瓮城被拆除，不少城楼和箭楼因年久失修而消失，北京城墙已经不复昔日之雄伟，但整体形式尚存，在衰落和破败中挣扎。

中华人民共和国成立后，在20世纪50年代头两年曾经对各个城门进行过保护和修葺，使之在一定程度上得以恢复旧观。但是，在北京发展规划中，要将北京建设成为现代化工业城市的决策与保护古老的北京城之间产生了严重冲突和争论。梁思成和陈占祥提出的保护城墙和城门的"梁陈方案"被否决，相关人员也受到了冲击。在苏联专家的规划之下，北京的城门和城墙陆续被拆除。从1952年开始，北京外城城墙被陆续拆除。1955年，中轴线上的地安门被拆除。1956年，永定门城楼周围城墙被拆掉，1957年，永定门城楼箭楼被拆掉。1959年，修建天安门广场和人民大会堂工程中，中轴线上的中华门被拆除。1965年7月，地铁工程开始动工，内城城墙的拆除工作也随即展开。1969年，内城城墙在修建地铁时大部分被拆除。

改革开放以后，随着保护古都的意识的增强，对北京历代城墙遗址的保护工作全面开展起来。金代、元代的土城遗址，明清皇城城墙、明清内城城墙遗址等，陆续被公布为北京市、国家级文物保护单位。以城墙遗址为核心的金中都城墙遗址公园、明城墙遗址公园、皇城遗址公园等相继建成，将保护文化遗产与改善民生、改良生态等有机结合起来。一些重要的城门建筑开始复建，如永定门城楼、外城东南角楼、地安门雁翅楼等，北京中轴线还被列入世界文化遗产申报预备目录。北京古代城墙和城门保护工作的力度和水平，都达到了前所未有的高度。

辽代以前

大约在公元前21世纪至前11世纪，当中原地区进入夏商王朝统治的时候，北京地区也出现了自然生长的奴隶制古方国，如古燕国和古蓟国。其中的燕国为了与后来周分封的燕国相区别，被史学界称为"古燕国"，是目前所知北京地区最早形成的奴隶制国家之一。殷墟出土的甲骨文中"燕"字写作"妟"。甲骨文中有"妟来""妇妟"等卜辞，所谓"妟来"即指古燕国之人到商王朝来，而"妇妟"则指古燕国之女嫁与商者。可见，古燕国与商王朝常有往来，而且还有婚姻关系。与此同时，今天的北京地区及河北省北部、辽宁省西部一带，还有孤竹国、山戎、肃慎等部族和方国。古方国的出现，表明北京地区早期的都邑开始转化为奴隶制方国政权中心，早期城市开始形成。伴随城市的诞生，北京地区城门和城墙的历史也随之展开，但北京目前尚未发现这一时期的城市遗址。可以准确书写，并有考古资料佐证的北京地区城门与城墙的历史，是从西周初期开始的。

琉璃河遗址

西周燕都的建立

到目前为止,北京地区有迹可考的最古老的城墙是位于今房山琉璃河的西周燕都城垣。

公元前1045年,周武王灭商后,推行"封建亲戚,以藩屏周"政策,将周王朝的子弟、亲戚、功臣分封到各地,建立诸侯国。《史记·周本纪》有"封召公奭于燕"的记载。《史记·燕召公世

琉璃河燕都城垣遗址

家》也称："周武王之灭纣，封召公于北燕。"其中的"燕""北燕"实际上同指一地，相当于原来方国古燕国的范围。可见，西周时期的燕国，就是周王朝在北方的一个封国，它的建立标志着北京开始步入诸侯国国都的发展阶段。

召公，名奭，姬姓，西周宗室，位居三公之一，因采邑于召（今陕西岐山西南），故称召公或召伯。他曾辅佐周武王灭商，帮助周成王处理政务，多有德政。周成王死后，他辅佐周康王，开创"四十年刑措不用"的"成康之治"。对于中原王朝来说，燕地处于北方边远地区，是东北方各民族南下的交通要道。将召公分封在燕地，目的就是用宗室重臣来镇抚边鄙、捍卫王室。

召公奭虽受封于燕，但他本人并未到燕国就封，仍留在宗周辅佐政务。燕地是由其长子克统领六个部族前往就封，克成为事实上的第一代燕侯。据《史记·燕召公世家索引》载，召公"以元子就封。而次子留周室代为召公。至宣王时，召穆公虎其后也"。在北京房山黄土坡西周贵族墓出土的"堇鼎"，其铭文记述了堇奉燕侯之命，前往宗周向太保（召公）贡献食物，受到召公赏赐的事情。堇鼎的铭文，同样也印证了文献关于首任燕侯的记载。

堇鼎

克盉　　　　　　　　克盉铭文

关于西周燕国的第一个都城所在地，旧无确指，自西汉就已出现意见分歧。燕都的具体所在，有"幽州蓟县故城"（今北京城区西南）；也有"燕山之野"，即"幽州渔阳县东南60里"（今天津市蓟县一带）；还有人认为是在今河北涞水县境内。当代学者傅斯年甚至认为，燕初封地在今河南省郾城。各家观点均有文献依据，到20世纪四五十年代仍争论不休，无法达成一致。

随着1962年开始的房山琉璃河董家林古城及黄土坡大型墓葬群的发掘，燕都问题最终得到解决。学者们一致认为，该处就是西周燕国的第一个都城。

1986年在琉璃河遗址M1193号墓中出土了铜盉、铜罍，两件青铜器上共有4篇内容相同的铭文。铭文中有"王曰太保""令克侯于燕"等字句，表明墓主的身份应为燕侯无疑。但究竟是召公奭，还是其长子克，仍有争议。不过，多数学者认为该墓的主人是第一代燕侯"克"。尽管对墓主为何人尚有分歧，但是并不妨碍学者们得出结论，董家林古城就是西周初年燕国都城，且是"封召公于燕"的始封之地。

西周时期，燕国虽然是北方重要的诸侯国，但其国力一直比较微弱。据专家考证，西周早期以燕都董家林古城为中心的，来自中原的燕文化的分布范围不超出30公里；到西周中晚期，燕文化虽然扩展到燕都周边70~90公里的范围内，但仍然影响有限。

西周时期燕国国君的世系，由于史书记载欠详，只知当时共十一代燕侯，前八代不知名号，文献以燕侯或燕伯相称。最早出现名号的是燕惠侯，《史记·燕召公世家》称："自召公已下九世至惠侯。燕惠侯当周厉王奔彘，共和之时。""厉王奔彘，共和之时"是公元前841年。燕惠侯后，西周时期还有燕釐侯与燕顷侯。

琉璃河遗址

西周燕都遗址位于房山区琉璃河镇东北2.5公里处，整个遗址的面积为东西长3.5公里，南北宽约1.5公里，面积5.25平方公里，包括今董家林、黄土坡、洄城、立教、庄头村、刘李店等六个自然村。古圣水（今大石河，又称琉璃河）自北向南流，折而流向西南，经过遗址又向东流去。此处水源充足，周边良田沃土，便于粮食作物生长，加之地处永定河古渡口附近，为南北交通要道，地势高平，适合修建城邑。

琉璃河遗址在1945年因发现散落的古陶器残片，开始引起考古界关注。1958年，北京市进行文物大普查时发现遗址迹象。

1962年，北京市文物工作队开始在董家林、黄土坡周围发现了商周时期遗址，并在刘李店、董家林村进行了小规模试掘。此后，从20世纪70年代至21世纪初，考古工作者在此处组织了多次大规模的考古发掘，获得了众多的考古发现。1979年琉璃河遗址被公布为北京市文物保护单位，1988年则被国务院列入全国文物保护单位。在西周燕都遗址上，已建起一座占地20667平方米，仿唐朝风格的博物馆。馆内有展厅、文物库和两处墓葬，两处车马坑。展示的文物有陶、铜、原始青瓷、玉、漆、石等器物数千件。目前，以遗址为核心的考古公园也在积极建设筹备中。

琉璃河遗址包括古城址、居住址、墓葬区三部分。其中，古城址位于今董家林村周围的高台地上。明朝万历年间，董家林村

西周燕都遗址博物馆

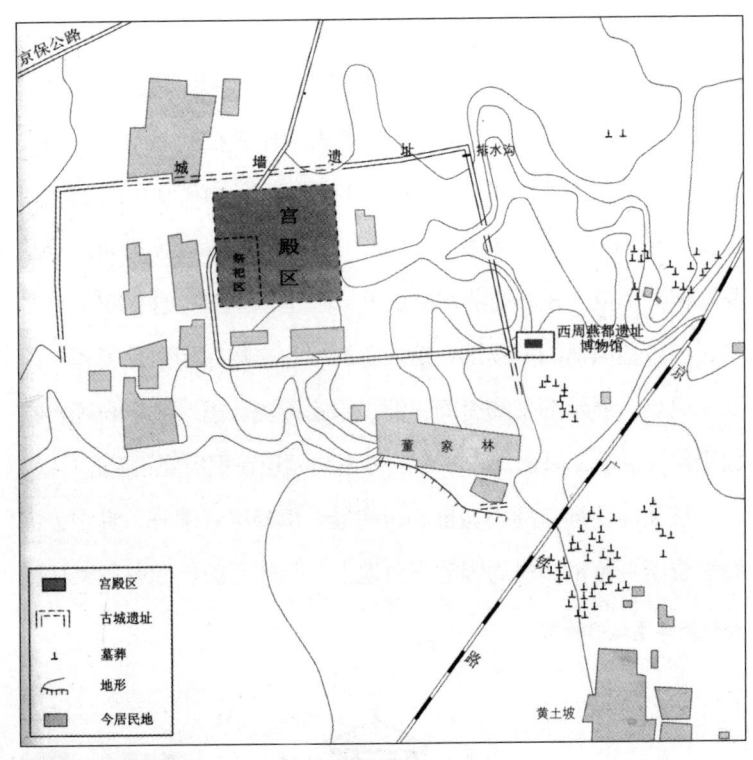

琉璃河遗址示意图

名董林城，说明地面上还有城墙存在。据当地居民介绍，20 世纪 50 年代时，地表还能看到断断续续的城墙，有的地方城墙尚能高出地面 1 米多。1962 年进行田野考古调查时，北城墙在地面上还存有部分 1 米多高的墙体。可惜，这些地面的城墙在后来因平整土地而被夷为平地，古城的城门设置等情况因此无法考证。尽管如此，古城的遗址从东西两侧望去，仍然比周围高出 1 米有余，犹可想见古城风貌。借助航空照片，城址现存的形状还可清晰分辨出。董家林古城地下墙体经调查与钻探，1970 年、1984

年两次发掘，确知北城墙地下墙体保存完好，长为829米。南部被大石河冲毁，所以东西城墙各残留北段约300米。依照地形以及参照其他古城的形状推测，燕都城可能是东西长大于南北宽的长方形。

西周燕都城墙的修筑方法是，先在生土上挖基槽，然后填土夯平，再分段层层夯筑墙体。在解剖城墙的过程中，考古工作者发现在城墙的主墙上部，相应的位置都有相同的分界线，相互平行。分界线是垂直而下的，而且界线两侧的夯层并不衔接。这些界线是从分界线侧面夯筑时使用了木板做墙的结果，板墙外用木柱支顶后所留下的柱洞痕迹被清理出来，有的夯层上清晰的印有挡板的痕迹，由此分析推出了城墙的夯筑采用了分段的方法。主墙宽约2.6米。夯层一般厚5厘米，夯窝为圆形，直径约为3厘米，夯窝密集，夯土坚硬。主墙内外两侧有斜坡状"护坡"，未见夯打痕迹。整个墙基底部宽约10米，墙体断面呈梯形。城墙外有护城壕，深约2米，上宽下窄，壕底有10厘米左右的淤土层，这说明当时可能也是利用护城河作为城市的防卫设施的。从护城坡到护城壕底部，发现一条不太结实的路土，说明夯筑城墙的土是挖掘壕沟而取得的。而护城坡土质不是很纯净，内有陶片和动物骨骼，应为就地取土。1995年秋，在东城墙北部发现一条用河卵石砌筑的穿城的排水沟，沟长约9米，宽约1.2米。在当时发现的西周诸侯国都城城垣中，这是唯一有排水沟的，对研究诸侯国都城结构、布局等具有重要意义。在古城遗址的东北角及北城墙内侧，考古人员还发现了两座西周早期的墓葬，墓葬在城墙

燕都城墙排水沟

修筑好以后葬入，使城墙的修筑时间更加得到确认。

　　遗址的居住区位于城内及西部，有房屋、窖穴、灰坑、水井等遗址。城内中部偏北为宫殿区，发现6处夯土台基，其中2处为长方形，似为宫殿的基址。而古城遗址内西北部，则为手工业作坊区和平民生活区。居住区出土的遗物主要有由石、陶、铜、玉、骨、蚌等制作的生产工具、生活用具、兵器、装饰品和卜骨等。墓葬区主要在黄土坡村以北的一片高敞的台地上，墓地面积约5万平方米。京广铁路从墓地中部穿过，将墓地分为东、西两部分。自 1973 年以来，共清理发掘出各种墓葬 200 多座，车马坑 30 余座。墓葬可分为大、中、小 3 种类型。中小型墓为长方形土坑竖穴，四周一般有熟土二层台，坑底置棺椁；大型墓墓室部分亦为长方形土坑竖穴，一般带有 2 条墓道，个别的有 4 条墓道，坑底木椁保存较好。墓葬中的随葬器物，多放在二层台上及头前的棺椁间，小型墓以陶器为主，中型墓以青铜器为主，而大型墓葬因严重被盗，青铜器不多见。墓葬区出土的青铜器，比较著名的有堇鼎、伯矩鬲、克盉、克罍等，均具有重要的文物与艺术价值。除青铜器以外，还有玉石器、玛瑙器、骨角器、原始青瓷、漆器、蚌器、货贝等文物出土。附葬的车马坑内最少的为 2 匹马、1 辆车，最多的则达 42 匹马、10 余辆车。

对于董家林古城，学术界已经明确其为西周初年燕都所在，但有学者推测，古城只是燕都的宫城所在，其外围当另有城垣存在。曲英杰在《燕城蠡测》认为，城址与同时期修建的周初诸侯大国相比过于悬殊。齐国的临淄城东西长约 3300 米，南北长约 4200 米，周长约 15000 米，占地面积约 14 平方公里，其城墙基宽在 17~43 米之间。其他诸侯国国都的城墙周长也均超过万米，即使是商朝遗民微子的宋国之都城宋城也约有万米。这种城墙的长度和宽度显然和召公以及燕国的地位不符。董家林古城的形制与鲁国都城内的宫城城墙很类似。结合地理地形，燕都可能是仿造西周洛邑修建的。因此，他推测，董家林古城只是燕都宫城，在琉璃河遗址周边应该有外城城垣存在。董家林古城的宫殿区没有发现宫城城墙的遗址，一定程度上也增加了这一说法的说服力。

但这一推测，尚需考古发现加以证实。

董家林古城作为西周燕国都城的时间，大致在西周时期。从墓葬出土的文物看，包括从商晚期至西周中晚期的形制特征，但进入春秋以后的遗物就很少了。考古人员还发现，琉璃河燕城遗址的城墙内护坡的部分段落已被西周晚期的文化层打破，另外，护城河也被含有西周晚期遗物的淤泥所填塞。根据护城河的遗物判断，护城河到西周晚期已失去其防卫功能，极有可能意味着城市功能的改变。根据这些打破关系判断，在西周晚期，琉璃河城址已由燕国的都城变为一般的居民点，可能已不再是燕国国都。

目前，可以证明董家林古城在西周晚期不再为都城的资料为《世本》记载的"桓侯徙临易"。桓侯是第十六代燕侯（公元前697—前691），是属于春秋早期的燕国国君。桓侯徙临易（今河北容城县境内）的原因一般认为是与北方山戎族入侵有关。但燕桓侯迁徙的出发点是从琉璃河燕都，还是今北京西南的蓟城，史学界仍存在争议。

蓟　城

蓟国与蓟城

"蓟城"是今天北京城的源头，也是北京城市发展史上的一个十分重要的阶段。

"蓟城"的得名，源自长满多年生菊科草本植物"大蓟"的大土丘"蓟丘"。郦道元《水经注》载："昔周武王封尧后于蓟，今城内西北隅有蓟丘，因丘以名邑也，犹鲁之曲阜，齐之营丘矣。"沈括在《梦溪笔谈》中写道，"至古契丹界，大蓟茇如车盖，中国无此大者。其地名蓟，恐其因此也"。说明大蓟这种植物以及蓟丘与远古时期北京聚落和部族命名关系密切。对"蓟"的来历，也有学者认为，蓟的来源与黄帝部落的经济活动密切相关。按古代文献的记载，北京及附近地区的早期居民主要是黄帝后裔，也就是兼营稻作和渔业的蓟族。按照古文字学的解释，"蓟"字的构成，从草即从术，术在古代即黏稻；从刀又从鱼，系一兼营农业与渔业的早期族称。蓟族长期生聚中心的丘岗也就获得了"蓟丘"的名称。蓟族首领生息的聚落自然也就称作"蓟"了。这是一个部族名与地物名相结合的地名，符合我国古代地物"名从主人"的命名规律。除了"蓟"有不同解释外,"丘"的解释也存在分歧。"丘",目前大多数学者作土堆或大土丘来解释。古建筑学家王世仁则认为,在现状地形图中,这块地方的高度和蓟城其他地段基本一致,并没有隆起的"丘"的痕迹。按照古人对"丘"的不同解释,蓟丘或为井田制的城邑,或为原名蓟丘的故城。

蓟丘的位置,至今仍存在分歧。有些学者认为在今石景山附近,甚至还有学者以为蓟丘在今平谷鱼子山附近,接近黄帝陵。20世纪50年代时,今白云观西侧的白云西里,有一个大土丘,上面散落着许多战国、秦、汉时期的陶片。侯仁之等学者认为,该处土丘应该就是蓟城赖以得名的古蓟丘,在古蓟城的西北隅。20世纪70年代,在城市建设中土丘逐渐消失。如今,在白云路西里的汽南社区门口,北京市西城区文物协会树立了蓟丘旧址纪

蓟丘旧址纪念碑

念碑。

和古燕国一样,古蓟国也是在夏商时期自然形成的古方国,曾臣服于商王朝。《史记·周本纪》称,武王伐纣后,"追思先圣王,乃褒封神农之后于焦,黄帝之后于祝,帝尧之后于蓟,帝舜之后于陈,大禹之后于杞"。《礼记·乐记》亦载,"武王克殷,反商,未及下车而封黄帝之后于蓟"。武王伐纣,按照夏商周断代工程的说法,是在公元前1046年。对文中的"褒封",后人解释是,"有土嘉之曰褒,无土建国曰封"。从中我们可以发现,蓟国(蓟城)由帝尧(黄帝)的族裔建立,在西周之前已然存在。由于西周之前的古蓟国史料极为有限,难以对古蓟国状况进行追溯,故当前学者多以周武王十一年武王伐纣的标志性历史事件为参照,将其作为北京建城的起始年代。1995年,为了纪念北京建城3040周年,在广安门以北护城河西岸的滨河公园内设立蓟城纪念柱。纪念柱由王世仁设计,柱身呈圆角长方形,花岗石建造,高8.5米,底

蓟城纪念柱

座1.5米,建于方形台基之上。柱子正面刻隶书16字,"北京城区,肇始斯地,其时惟周,其名曰蓟",为侯仁之所撰《北京建城记》的开篇。《北京建城记》的全文,则镌刻在柱子前方的石碑之上。

西周初始封古蓟城的方位问题,由于文献资料极少,考古发掘尚没有重大突破,所以至今仍是一个悬而未决的问题。赵其昌先生经过研究,提出三处可供考虑的地点:一是京西八宝山以西略北地区;二是京西南,今明清外城以西地区;三是目前已发现的后期蓟城以南地区。三处地点中,他认为第二处地点可能性最大。

西周时期蓟国的历史沿革、蓟国何时何故消亡等问题,至今仍是一桩历史悬案。关于蓟国的灭亡,当时的史料典籍均没有留下明确的记载。据唐人张守节《史记正义》记载:"蓟、燕二国俱武王立,因燕山、蓟丘为名,其地足自立国。蓟微燕盛,乃并蓟居之,蓟名遂绝焉。"这段文字记录虽然陈述了一些事实,学者的理解也各不相同。对于蓟国的灭亡问题,于德源、富丽在《北京城市发展史》中认为:"蓟国的衰微很可能不是由于燕国的强盛,而是受周边北方民族特别是强大的山戎部落压制、侵占的结果";"西周蓟国却是灭亡于山戎,并非被燕吞并"。而唐晓峰等人则认为:蓟微燕盛,是燕国后来"并蓟居之"的直接原因;"并蓟居之",燕国并不需要假手于戎狄,早期燕国完全具备这一实力。按照这一观点,在西周中晚期的时候燕国已经吞并了蓟国,并将蓟城据为己有。至于燕国迁都蓟城的时间,学术界目前普遍认为,最迟在春秋时期,燕国已经迁都蓟城。侯仁之的《北京建城记》称:"春秋时期，燕并蓟，移治蓟城。"因蓟城地处华北平原的北端，是中原与塞上往来的交通枢纽，其交通地理位置明显优于原来的琉璃河燕都，故而燕国遂决定将都城也迁到了蓟城。

考古资料也表明，春秋时期，代表中原文化的燕文化已经突破西周时期燕都周围70~90公里的范围，越过了燕山，基本排挤、融合了属于当地的张家园上层类型文化。燕文化越过燕山，地处今北京西南的蓟城则变成燕文化的核心地带，迁都自然是势在必行之事。燕国迁都于蓟城，形成了幽燕地区单中心城市的格局，为北京城作为一方都会的兴起和进一步发展奠定了基础。

燕都蓟城

从西周时期分封尧帝之后于蓟的相关记录以后，蓟城再次在文献里出现已经是战国时期，并且以战国燕国的国都身份出现。战国名将乐毅在《报燕惠王书》载："大吕陈于元英，故鼎反乎历室，齐器设于宁台。蓟丘之植，植于汶篁。自五伯以来，功未有及先王者也。""蓟丘"就是蓟城的指代。《韩非子·有度》亦云："燕襄王以河为界，以蓟为国。"燕国世系里没有"襄王"，只有"燕襄公"（公元前658—前618年）或"昭襄王"（即燕昭王，公元前312—前279年）。对于《韩非子》中"燕襄王"的身份，学者们虽未达成共识，但就上述材料分析，战国时期蓟城已经是燕国都城则是毋庸置疑的。

战国时期，燕国凭借着优越的地理位置，周旋于群雄逐鹿的强国之间，最终跻身战国七雄之一。伴随着铁器的大量使用，农业、手工业的发展，特别是经过燕昭王励精图治的改革，燕国的国力空前强盛。战国时期的燕国，"东有朝鲜、辽东，北有林胡、楼烦，西有云中、九原，南有呼沱、易水"，形成了以今北京地区为中心，包括今河北省北部、山西东北及辽西在内的广大疆域。燕国的强盛，使燕都蓟城的政治、经济地位也得到了极大的提高。

当时的蓟城已经是一个人口繁盛的大都会，在国内具有重大影响。汉代桓宽的《盐铁论》称："燕之涿、蓟，赵之邯郸……富冠海内，皆为天下名都。"蓟城在子之之乱中，"因构难数月，死者数万"，从另一个角度说明此时的蓟城已经是拥有数万以上人口的一个大城市了。据文献记载，战国时的蓟城内有燕王宫、太子的东宫、国相的公府等宏大建筑。还有碣石宫，是燕昭王专为师事齐国贤士邹衍而筑的。燕昭王时期，还兴修了燕下都武阳城（今河北易县）。这样，燕国五都，初都（琉璃河古城）、临易、中都（北京良乡窦店）、上都蓟城、下都武阳城最终形成。其中，初都建于周初，上都建于周中晚期，其余均建于春秋战国时期。目前，五都之中，燕下都武阳城遗迹保留比较丰富，1961年被公布为全国重点文物保护单位。通过对武阳城的观察，可以为研究蓟城的相关问题提供一些参考。

1949年以后，有关燕都蓟城的考古活动一直在持续开展。1956年在配合永定河引水工程的考古发掘工作中，发现151座春秋、战国至东汉时的陶井，其中战国36座，陶井分布最密集的地区是宣武门至和平门一带，共130座。据《文物参考资料》

燕下都武阳城遗址

1957年第7期《北京广安门外发现战国和战国以前的遗迹》介绍，清华大学赵正之教授考察北京史迹，发现在广安门外护城河西新辟道路（今广安门外西滨河路）冲破了南北并连的三座夯土台，每座长、宽各约60米，道路之下有唐朝至辽代时期的夯土，其下又有周至战国时期的夯土，夹有半圆形战国饕餮纹瓦当等燕国宫殿所用的瓦屋构件。证明此处先是春秋时期战国燕都的宫殿遗址，后来继续在上面修筑房屋。1965年在配合市政工程的考古发掘中，发现65座战国至汉代陶井，陶井分布在陶然亭、白云观、姚家井、广内白纸坊、广内南顺城街、和平门外海王村等处，较密集的地方是内城西南角经宣武门至和平门一带，发现陶井55座。20世纪70年代又陆续在西单大木仓、宣武门、白纸坊、陶然亭、

陶井圈

姚家井等处发现一批战国至汉代陶井。井是用一节节井圈套叠成圆筒状，井底还发现汲水的水罐等生活用品。很显然，这是生活水井。水井密集，说明当时这一带人口很稠密。在一些战国古井的底部，还有一些口沿下部带"蓟"字的陶器，说明这些陶器为蓟城所造。2000年至2001年在扩展广安门大街工程中，又发现不少战国时期的陶瓦井等遗迹，且多集中在韩家潭以南的虎坊桥一带。根据上述一系列考古发现，专家们推测蓟城应在发现陶井最密集的今北京城西南部宣武门至和平门一带。

根据考古发现，学者对燕都蓟城的城垣位置做了进一步的明确。多数学者认为，这座燕都蓟城一直延续到两汉时期，城址未变，先后成为秦广阳郡，西汉燕国、广阳国、广阳郡等郡国的治所或都城。北京市文物局考古队在《建国以来北京市考古和文物保护工作》（见《文物考古三十年 1949—1979》）中判断，"可能蓟城南墙在法源寺以北，而北城墙在西长安街以南"。曲英杰在《燕都蓟城考》一文中认为：燕都蓟城"是在周初所营蓟城的基础上扩建而成"，"四至范围大致是：西垣在会城门、北蜂窝路一线；南垣在明清北京城外城南垣内侧一线；东垣在牛街、右安门内大街一线；北垣在白云观北、头发胡同一线。城内，燕宫居中，大致在广安门外桥南一带。燕市在宫城之北"。于德源等在《北京城市发展史》中，对1979年北京市文物局考古队的看法进行了补充，进一步认为战国蓟城"东垣当在和平门以东不远之南北一线，西垣则无从推测"。

据文献记载，这一时期蓟城的城墙为夯土墙，墙体内打入桩木进行加固，并筑有城门和城楼。

秦汉至五代的蓟城

公元前226年，秦军攻占蓟城。公元前222年，秦灭燕。秦统一后，蓟城成为广阳郡郡治，其性质也由诸侯国国都转变为北方重镇。秦灭燕时，燕都蓟城在战争中遭到极大破坏。公元前215年，秦始皇下令毁坏各个诸侯国国都的城郭，蓟城城池当属被拆毁之列。

西汉时期，蓟城为广阳国（郡）治所，仍因战国蓟城之旧址，未发生改变。西汉王朝实行郡国并行制，《汉书·诸侯年表总叙》称："藩国大者跨州兼郡，连城数十，宫室百官同制京师。"燕国虽称不上跨州兼郡，但也是西汉初年在北方的大封国，其藩王宫室的规模也应十分宏大。根据《汉书·武五子列传》记载，刘旦

大葆台汉墓黄肠题凑

图谋篡位事发,"是时天雨,虹下属宫中饮井水,井水竭。厕中豕群出,坏大官灶。乌鹊斗死。鼠舞殿端门中。殿上户自闭,不可开。天火烧城门。大风坏宫城楼,折拔树木"。"王忧懑,置酒万载宫,会宾客、群臣、妃妾坐饮"。"因迎后姬诸夫人之明光殿"。尽管以上多是对灾异等情况的描述,但其中有关建筑的部分应该是准确可信的。从文中我们可以看到,当时位于蓟城内的燕国王宫有专门的宫城,宫城有城门、城楼等建筑。再联系在北京的大葆台汉墓、老山汉墓等形制与规模看,西汉燕国王城的规格也应该相对较高。根据文献记载,汉时蓟城的城墙可能是以桩木为墙基,筑有城门和城楼。

东汉末年,由于㶟水(今永定河)改道,冲坏了蓟城东部,蓟城城址向西移动,此后直到金代,北京城的城址没有发生重大变化,基本上都是在原址扩建和改建。据《后汉书·刘虞传》记载:东汉末年,公孙瓒"筑京于蓟城",即在城中再筑小城,与刘虞分庭抗礼。这座小城,依托蓟城的东城垣而建,只有一座向西开向城内街巷的城门。此城在三国曹魏时期成为征北将军的衙

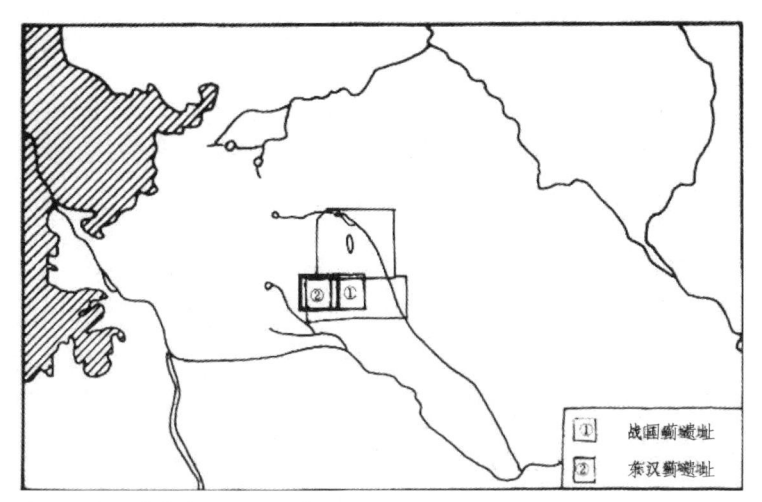

战国、东汉蓟城城址变动示意图

署,亦称征北小城。

自曹魏至北朝,蓟城作为兵家必争之地,屡次遭受战火,城邑受到很大损坏。314年,羯族首领石勒在攻占蓟城擒杀西晋刺史王浚后,"焚烧城邑,害万余人"。385年,后秦幽州刺史王永数次为后燕将军平规所败,在逃离蓟城之际,"遣昌黎太守宋敞,焚烧和龙(今辽宁朝阳)、蓟城宫室"。当然,由于蓟城的重要地位,后来的据有者也往往多有兴筑。石勒焚毁蓟城后,从352年至357年,蓟城成为前燕的都城。前燕首领慕容儁在蓟城多有营造,铸造铜马,修建王宫碣石宫,一度使蓟城从创伤中平复过来。

隋唐时期,蓟城是幽州(涿郡)的治所,为显赫一时的军事重镇。它既是军事远征的前进基地,又是中原王朝控制北方少数民族的军事要地。唐玄宗开元十八年(730),另置冀州(治所在今天津蓟县),此后蓟逐渐为天津蓟县地区专用,而幽州蓟城则大多称幽州城，不再专称蓟。到了唐后期及五代，幽州成为藩镇割据的中心。

为了对高丽用兵，隋唐两朝将幽州作为军事大本营，均对其有所兴筑。隋炀帝下令开凿了从洛阳到涿郡的永济渠，并在幽州筑临朔宫。据《隋书》记载，临朔宫由阎毗主持修建，其建筑宏伟壮丽，内积许多珍宝，有怀荒殿等宫室，常屯兵数万，足见其

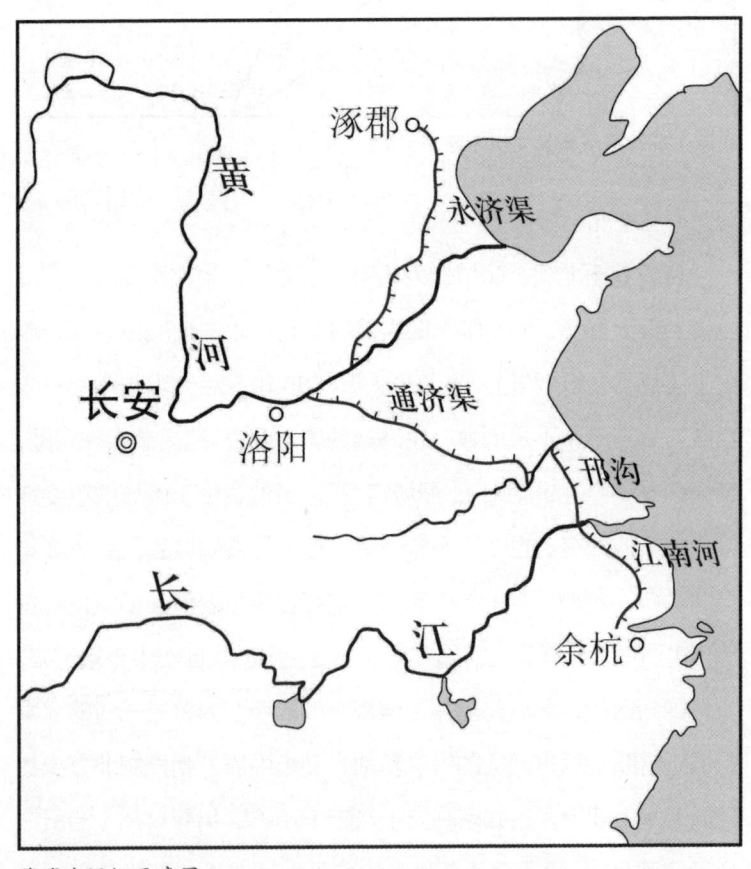

隋代大运河示意图

规模之大。此外，隋炀帝还下令在幽州"文武从官九品以上，并令给宅安置"。此举对城市规模的扩大和城市建筑业的发展，起到了积极推动作用。

唐代，幽州不仅是范阳郡的中心城市，还是各时期总管府、大总管府、都督府及大都督府的驻节地，城市地位不断上升。此时的幽州已经是唐王朝在东北部的第一大城，其建筑规划建设也获得了很大的发展。据《太平寰宇记》引《郡国志》资料，幽州城"南北九里，东西七里，开十门"，是一座周长约24里（唐朝1里约合今0.72里）、南北略长的长方形城市。其东城垣在今北京西城区烂缦胡同与法源寺之间的南北一线，西城垣在白云观西土城台至小红庙村之南北一线，北城垣在白云观西至头发胡同一线，南城垣在今姚家井以北的里仁街东西一线。幽州城实行坊市制度，城内分为26坊（一说28坊）。北宋使臣路振曾在《乘轺录》中记载当时的辽南京："城中凡二十六坊，坊有门楼，大署其额，有罽宾、肃慎、卢龙等坊，并唐时旧名也。"

唐幽州城有内外两重城墙。内城亦称子城，位于外城（或称罗城）的西南角，方圆相当于今天的4里。西、南两面城垣利用了大城的城垣，东、北两面城垣则是另筑。安史之乱时，安禄山曾在子城修建皇宫。姚汝能《安禄山事迹》载，安禄山"以范阳为东都，复其百姓终身，署其城东隅私第为潜龙宫。其第本造为同罗馆，前后十余院，门观宏壮，闱阃幽深，土木之瑰奇，黝垩之雕饰，僭拟宫室"。史思明"以范阳为燕京，命洛阳为周京，长安为秦京，置日华等门，署衙门楼为听政楼，节度厅为紫微殿"。

这一时期城市的城垣，目前已经没有留存。1974年，赵其昌在北京城西南白云观之西，发现了西晋残城墙遗址。"城墙略有破坏，但夯土层次清楚。南北墙略长，北端向东转，略短。根据这种现象，可以认为，城墙残址应是城的西北转角。如果沿西墙走向向南延伸，沿北墙转角向东延伸，西、北两面的城墙可以复原"。

华芳墓志

在城墙夯土下方发现有东汉中晚期的墓葬，再结合八宝山西晋华芳墓墓志"假葬于燕国蓟城西廿里"等文献，得出"残城址所在，即西晋蓟城"的结论。

其他城垣遗址

北京地区考古发现的辽代以前的古城址，一部分是西周以来的诸侯国国都，在秦汉以后变为郡（国）、县治所，如蓟城、窦店古城等；一部分是小区域内的中心城市，其中有的后来也发展为郡县治所，如长沟古城、蔡庄古城、后沙峪古城等；还有一部分则和军事活动有关，如朱房古城、张坊东关上城。

窦店古城

窦店古城，起初称"芦村古城"，位于房山区窦店镇西芦村东北。"窦店"也叫"窦家店"，据传为隋末窦建德起兵进攻幽州总管罗艺沿涿郡北上，借驻并屯兵于此而得名。窦店古城按《太平寰宇记》载，"在燕为中都，汉为良乡县，属涿郡"。明《永乐大典》存《顺天府志》亦称："春秋、战国时，在燕为中都，西汉置良乡县。"

从20世纪50年代开始，考古工作者对遗址进行了多次调查与试掘，获得了有关古城较为丰富的资料。调查发现，城址呈长

窦店古城遗址

方形，分外城、内城两层。外城东西长约 1400 米，南北宽约 800 米，现仅存南、北、西三面城墙，东墙大部分被毁。外城墙的缺口表明，当时的外城有 6 座城门，南北各两门，东西各一门。从其时代、规模、夯筑方法、地理位置推测，这座古城就是燕国的中都城。陈平认为燕中都的始建年代可能是春秋晚期燕悼公为避齐国之祸而从临易迁都于此的。外城外墙夯土中出土的板瓦、陶器残片具有战国早期特征，学者们认为窦店古城的外城兴建年代不晚于战国早期，战国晚期曾全面整修城墙。内城（子城）的修建晚于外城，目前只有南北两面各存一段城墙，其西即借大城城墙，亦为长方形，东西长约 400 米，南北宽约 300 米。城址地基稍高于四周地表，内城又高于城内地表。外城西南角最完整处墙高 8 米，顶宽 2.5 米，底宽 17 米。从西南角裸露的断面看，城墙系用土夯筑而成，夯土层 12~17 厘米，层间有铺草痕迹。夯窝呈圆形，直径 5~6 厘米。因常年遭风雨侵袭和人为破坏，城垣已残缺不全，但轮廓清晰。从出土的遗物考察，外城在北朝以前已经废弃。

窦店古城是北京地区现存最完善的一座古城，为研究北京地区历史提供了重要实物资料。1979 年 8 月 21 日，窦店古城被公布为北京市第一批重点文物保护单位。

蔡庄土城遗址

蔡庄土城遗址于 1959 年发现，位于房山区西南 30 公里，与河北省涞水县交界的大石窝镇蔡庄村南 0.5 公里处。遗址四至为：

蔡庄土城遗址

南至涞水县板城1.5公里，西到涞水县北庄1.5公里，东至涞水县王家碾约1公里。

土城始建于战国时期，城址在顺北拒马河向下约2.5公里的一块高敞台地之上。大致成长方形，现仅存东、西、南三面，东西城墙各长450米，南城墙长270米，北城墙可能被河水冲毁。东南、西南两城角保存尚好，墙高约4米，厚12米。南墙和西墙中部各有一处向外突出，可能是城门所在地。南墙突出处有豁口，顺豁口直入城内河沿，有一道深沟，将城内空地分为两半。城墙为版筑，上有筑城时所留下的柱孔，间距约1.5米，孔洞直径6厘米。夯土层厚薄不一，约13~15厘米，层间有铺草痕迹，夯土内含较多夹砂褐绳纹陶片。夯窝直径为3厘米，呈圆锥状。遗址分布有大量夹砂陶，有红、黑两种，纹饰以绳纹为主，还有铜铁箭镞、五铢钱，说明该城可能沿用至汉代。

蔡庄土城遗址是北京地区现存年代较早、保存较好的古城遗址，2001年7月，被公布为北京市第六批重点文物保护单位。

长沟古城

长沟古城位于房山区长沟镇东长沟村东约250米。1962年调查时，南、北、西三面城墙保存还相当高，东墙已为平地。城平面呈刀把形，南宽北窄，南北长500米。南墙长360米，北墙长320米，西墙南段长210米，北段长290米。城墙最高处为5米，最低处仅为1米。此城位于古代幽州（北京）通往涿郡（涿县）、易州（易县）的交通要道上。1958年在房山县城址的调查中，曾在城内采集到泥质灰陶豆、绳纹陶片、夹砂红陶等，还有板瓦、筒瓦，与燕下都遗物类型相同的兽面纹半瓦当以及钵、釜等，均为战国到西汉时期常用之物。说明古城始建于战国，沿用至汉代。学者根据《水经注》有关水道的记述，确定长沟古城在汉代为西乡县治。相传隋末窦建德兄妹分别驻守窦店古城、长沟古城。目前，长沟古城已列入房山区文物保护单位名单。

清河古城

清河古城又称"朱房古城"，位于海淀区清河镇西约1公里的朱房村西，南临清河。古城垣只有西南角保存较完整。由西南角向北延伸约115米，由西南角向东延伸的南墙角完整，有150

清河古城遗址

米左右。古城遗址发掘前后共五次，出土了汉代铁剑、铁锄、铜镜、瓦当等。通过发掘，城四至基本探明，城为方形，每边长约500米，周长约2000米，符合秦汉时期县城的规模。古城采用夯土版筑，城基宽11.85米，夯土残高3.15米左右，顶部残宽1.4米。夯土层厚10~20厘米，其中夹杂着战国及以前的碎陶片，夯窝直径6~7.5厘米。按照《周礼·考工记》"墙厚三尺，崇三之"的记载，墙底宽与高比是1：3，朱房古城正好符合此制，其高大之势，可以想见。清河古城是距离蓟城最近的城址，但在《水经注》中没有记载，也不是汉代在北京设置的县城，学者初步判断该城是一座具有军事意义的边城。它是防御北方少数民族的军事基地之一，是拱卫古北京城——蓟城的犄角，同时也是当时蓟城—居庸关胡汉贸易交通线上的商品集散地之一。根据出土的各种遗存判断，该古城的建筑年代上限是战国时期，下限为秦汉之际。

2001年，古城遗址以"清河汉城遗址"被公布为北京市第六批重点文物保护单位。

广阳古城

广阳古城位于房山区长阳镇广阳村。考古工作者在这里曾采集到东周至汉代的遗物，由此可断，始建于战国末西汉初，在汉代为广阳县治。城墙南北长约750米，东西略窄，长约700米，城整体为南北向的长方形，周长2400米，按照秦汉时期"千丈之城"为大县城之制的说法，广阳城址当是一大县。广阳村东南尚保存一段长约40米、高约4米的残城墙，为汉广阳县城的西北角，由此向南，有黄土墙基露出地面，长约500米，即城之西南角；由此再向东约600米处，有一土坑，与城西南角相对，为城东南角。

军都故城

军都故城俗称"土城"，位于昌平县城西南8.5公里的土城村。建于战国末期，是军都县的治所，属上谷郡。军都县是昌平地方建县制以来最早的名称。城为长方形，南北750米，东西500米。县名源于军都山、军都陉（关沟）。燕建军都是为了屯兵。再者，太行山共有八条沟通东西山间的通道，称"太行八陉"，最后一陉是在军都山下，因之以陉取名，县的名称也就以山、陉为名了。北魏时将昌平县治所搬入军都城，又新建万年县，军都县被分为二。自此以后不再见军都之名称。唐德宗时，土城荒废。

安乐古城

安乐古城位于顺义后沙峪乡古城村北、温榆河东岸，故也称"后沙峪古城"。遗址存东西向高土岗，土岗底宽7米，顶部宽3米，高5米。土层中有明显夯窝。地面有秦汉时期大量的砖瓦和陶器碎片。当地还曾出土过战国时期的刀币、半两钱、五铢钱等古代钱币。遗址东南约1.5公里处有一片汉代墓葬，据出土器物判断为平民墓葬区。可能是汉代安乐县县治所在之城。北魏郦道元《水经注·湿余水》云："湿余水东南流，左和芹城水……又东南流经安乐故城西。"又《沽水注》云："沽水又南与灢山之水和……又南经安乐故城东。"看来，今后沙峪古城很可能是汉以来的安乐县治。东汉安乐县令吴汉是东汉的开国功臣，官至大司马。三国时期，曹魏灭蜀，封刘备之子刘禅为安乐县公，此即其封地。

此外，北京还有很多辽代以前的古城遗址，或多或少地保留了各个时期城墙的遗迹。如通州的路县古城，顺义的顺义县城垣遗址、狐奴县遗址，大兴的汉代阎城遗址、回城遗址，平谷的汉代博陆城遗址，密云的共工古城、犀奚古城、圹平古城、隋唐燕落古城址，怀柔的渔阳古城，昌平的战国芹城遗址、昌平故城遗址、唐辽西县城、后唐白浮图城遗址，延庆的蚩尤城、古上谷郡的居庸县城、夷舆县城、乌桓校尉府、缙山县故城，房山的张坊唐古城遗址。这些古城遗址，对研究北京历史地理、城市经济、风俗文化、军事战争等均具有重大价值。

辽金时期

在北京城的发展史上,辽金时代是十分重要的过渡阶段。这一时期,北京开始从北方重镇向中国北方的政治中心过渡,由陪都转变为首都,地位发生了重大改变。在这个变化过程中,北京的城门与城墙也发生了相应的变化。

辽代南京城

辽南京的建立

辽是契丹人建立的国家。契丹族属于鲜卑族的一支,起源于潢水(今西拉木伦河)与土河(今老哈河)流域,过着"逐寒暑,

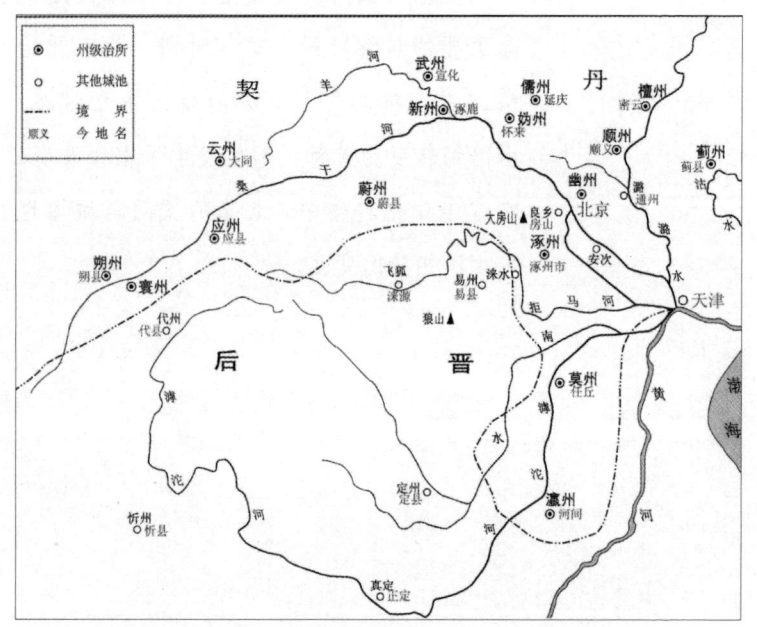

幽云十六州示意图

随水草畜牧"的生活。唐朝后期，契丹部族日渐强盛。907年，也就是唐朝灭亡的那一年，耶律阿保机废除传统的部落选汗制，正式即皇帝位，成为契丹民族历史上的第一个皇帝。916年，阿保机在龙化州（今内蒙古赤峰市）正式建国，国号大契丹，都城为上京临潢（今内蒙古自治区赤峰市巴林左旗）。即位后，耶律阿保机曾多次对幽州用兵，均以失败告终。后唐清泰三年（936），河东节度使石敬瑭以割让幽云十六州为代价，换取了契丹军队的支持，从而当上了后晋皇帝。会同元年（938），辽太宗耶律德光下诏改国号为大辽，升幽州为南京，又称燕京，建为陪都，为辽五京之一。

辽的五京分别是：上京临潢府（为皇都，今赤峰市巴林左旗）；中京大定府（今赤峰市宁城）；东京辽阳府（今辽宁省辽阳市）；

辽析津府图

南京幽都府（后改析津府，今北京）；西京大同府（今山西省大同市）。

在国家行政管理方面，辽代采取"因俗而治"的办法，实行南北分治的政策，"官分南、北，以国制治契丹，以汉制待汉人"。在汉人聚居的地区，辽地方行政制度实行道、府、州（军）、县四级制，与唐及北宋初期制度基本相同。具体到今北京地区来说，938年，设置南京道，南京道下设幽都府。1012年，南京改号燕京，幽都府改称析津府。"析津"之名，是取古人以星岁辨分野的办法，"以燕分野旅寅为析木之津"，故称"析津"。1012年后，析津府下固定6州（州下领县13个），还有11个直辖县。

在城市建设方面，南京城基本沿用了唐、五代幽州城旧制，在原来的基础上对城墙加以整固，没有进行大规模的城垣改造。《契丹国志·四京本末》称："自晋割弃，建为南京，又为燕京析津府，户口三十万……既筑城后，远望数十里间，宛然如带，回环缭绕，形势雄杰，真用武之国也。"其中"既筑城后"，可以反映辽代对南京城墙的修葺。另据李焘《续资治通鉴长编》记载，宋仁宗嘉祐二年（辽道宗清宁三年，1057年）"四月丙寅，雄州言：北界幽州地大震。大坏城郭，覆压者数万人"。可见，在地震中辽南京的城门和城墙曾遭受严重损坏，后期也进行了修复。此外，辽代在南京也有建设活动。例如，辽重熙五年（1036），曾"诏修南京宫阙府署"。此次修缮的对象，既有宫城、衙署，还包括一些寺庙。主持修缮工作的辽南院史兼检校太尉韩枸的墓志称："重熙五年，在燕京也。备清跸之来临，奚翠华之降幸。葺修宫掖，仰期饮镐。崇饰祠寺，企望问峒。举扬百司，支遣万计。"从中可见工程内容之多和工期之紧，导致韩杞最终卒于任上。

作为五京之一，辽南京城市的性质不但保持了原来的军事重镇和商业中心的职能，而且区域政治中心的地位日益显现。南京城内设众多的军事、行政、财政衙署和各种专门为皇室服务的机构，以及亲王、公主、勋贵的府邸，构成了与汉唐以来不同的城市建筑特色，从而初步具备了京师的功能。辽代在南京既沿用旧制，又增设了不少机构。据《辽史·百官志》记载，辽"既得燕、代十有六州，乃用唐制，复设南面三省、六部、台、院、寺、监、诸卫、东宫之官"。此外，南京城内及近郊还有永平馆、于越王廨、城南亭、孙侯馆等招待外国使节的场所。专属于皇家的皇城，众多的军事、行政、财政衙署和各种专门为皇室服务的机构，以及亲王、公主以及勋贵的府邸，构成了与汉唐以来不同的城市建筑特色，从而使辽南京初步具备了京师的功能。

辽南京外城

辽南京的外城，亦称大城，主要承袭唐代幽州城的旧有规模。
关于辽南京外城，当时的主要文献记录如下：
《辽史·地理志》载："城方三十六里，崇三丈，衡广一丈五尺。敌楼、战橹具。八门：东曰安东、迎春，南曰开阳、丹凤，西曰显西、清晋，北曰通天、拱辰。大内在西南隅。"
北宋使臣路振1008年出使辽国，记载其见闻的《乘轺录》

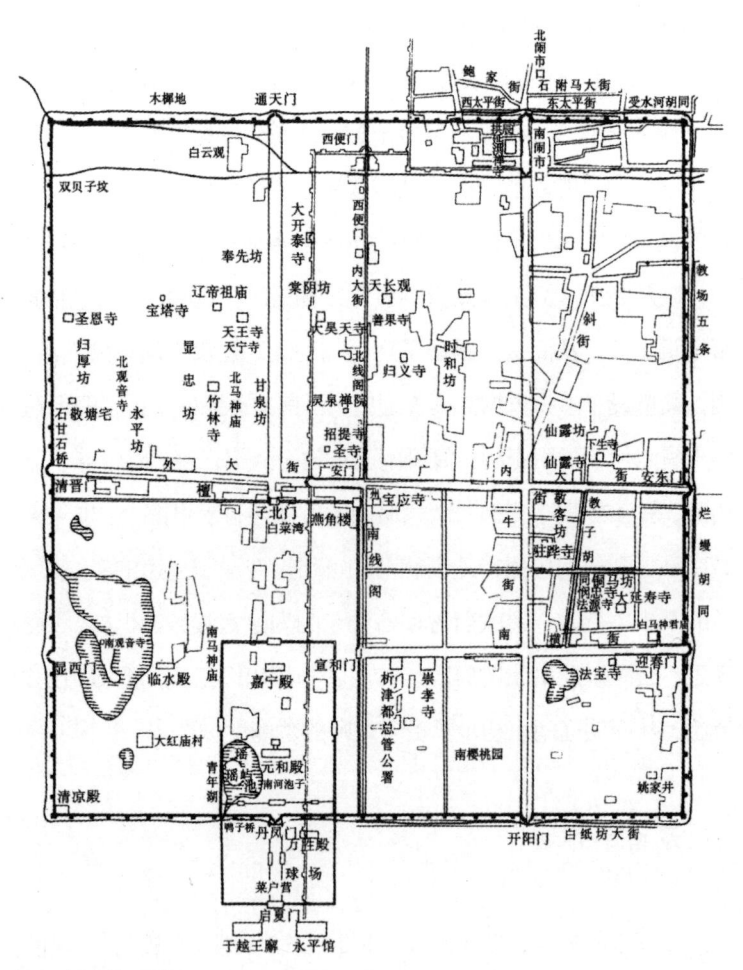

辽南京城平面图

中有关辽南京外城的记载,"幽州幅员二十五里,东南曰水窗门,南曰开阳门,西曰青音门,北曰北安门。内城幅员五里,东曰宣和门,南曰丹凤门,西曰显西门,北曰衙北门"。

北宋使臣许亢宗在《宣和乙巳奉使行程录》记载了辽代末年

南京城:"周围二十七里,楼壁四十尺,楼计九百一十座,地堑三重,城门八开。"

其中,关于辽南京城外城的周长不尽相同,哪种说法更可靠,学界看法也多分歧。大部分学者认为,《太平寰宇记》所引《郡国记》蓟城"南北九里,东西七里",共三十二(唐)里(约24华里),《辽史·地理志》的"三十六里"与之相近;而路振、许亢宗所记录的不过是耳闻的数字,本身就不可靠。也有学者认为,《辽史·地理志》的"三十六里"可能是"二十六里"之误,宋尺与今尺相近,路、许二人的记录也是比较切近的。还有学者认为《辽史·地理志》的"三十六里",应该是加上皇城城墙长度以后的长度。还有学者认为,材料中的"里"应结合不同时期的长度单位换算,文献所录的外城周长准确性才可以得到验证。考古工作者经过考证和推算,认为南京城的周长25里左右比较切近实际。至于路振所记城门名称与《辽史·地理志》的出入,学者多认为其中有些属于旧称、代称或讹音,如水窗门为迎春门的代称,青音门应为清晋门的讹音等。

辽南京城的四周有护城壕环绕,文献资料显示,外城城门设有木吊桥以加强守备。而考古工作者在今菜市口偏西的地下人防工事中发现,距地下6米处有石桥,疑似城门护城河桥。

外城东城垣在今北京西城区法源寺以东,陶然亭以西,烂缦胡同一线。烂缦胡同,明朝时称烂面胡同,又称懒眠胡同,清末时改。清人赵吉士《寄园寄所寄》云:"京师二月淘沟,秽气触人,烂面胡同尤甚,深广各二丈,开时不通车马。此地在悯忠寺东,唐碑称'寺在燕城东南隅',疑为幽州节度使城之故壕也。"朱一新在《京师坊巷志稿》中写道,"此地有唐时故壕,说宜近是",同意赵的说法。20世纪50年代以来,考古工作者根据所发现的几通唐人墓志,也证实了烂缦胡同一线为辽南京东城垣所在。

东城垣开有两座城门,东南门为迎春门;东北门为安东门。迎春门位于东垣南部,在今西城南横街一线,与皇城宣和门相对。安东门,别名檀州门,在东垣中间,今烂缦胡同北口。安东门内大街名檀州街,相当于今广安门内大街,檀州街直达西垣清晋门,是东西横贯南京城的主干道。如今,在北京菜市口的西侧绿化带中,有关部门竖立了"辽安东门故址"石碑。

辽安东门故址纪念碑

辽南京南城垣开有两个城门,东为开阳,西为丹凤。开阳门与北垣拱辰门相对,形成纵贯辽南京城南北的街道。丹凤门则与皇城南门共用。南城垣的方位,存在不同说法。于杰在《金中都》一书中认为,其位置在今白纸坊东、西街稍北。在今右安门内大街与白纸坊西街、东街的十字路口的西北角,也有有关部门设立的"辽开阳门故址"石碑。

辽开阳门故址纪念碑

侯仁之主编的《北京城市历史地理》认为，南垣约在陶然亭以西的姚家井以北、白纸坊东西街一带。王世仁、于德源等认为，南城垣的位置应该在今白纸坊东、西街稍南，姚家井以北的里仁街东西一线。王世仁在《宣南鸿雪图志》中认为："南墙在今白纸坊东、西街以南约300米一线，南护城河由西向南折之故道，50年代前后犹存干沟，附近尚有半步桥、'河北'（工厂住宅名）地名可证。"于德源在《北京城市发展史》中提出，南城垣"若以白纸坊大街当之，则复原后的城址东西宽、南北窄，殊与'南北九里，东西七里'记载不符"。

辽南京的西城垣在今小马厂、甘石桥、双贝子坟、白云观西土城台偏西一线。1974年在白云观西边发现的西晋蓟城西北角，是辽南京的西城垣的北边起点。从广安门外莲花池（古西湖）东流的莲花河（古洗马沟）在甘石桥突然折向南流，且河道顺直，应该是西城垣的护城河,也印证了西城垣在上述线路偏西一侧。西城垣上开两门,南为与皇城共用的显西门,北为清晋门。

辽南京的北城垣在宣武门内头发胡同至白云观西土城台一线。考古工作者根据唐墓出土的墓志推算头发胡同为幽州北城垣所在,经过精确的测量,又发现头发胡同的地势比周围凸起,很可能是旧城垣遗址。头发胡同以北数十米有受水河胡同与之平行。受水河胡同,原名臭水河,本为一条明沟,推测当是北垣护城河。北城垣亦开两门,东为拱辰门,西为通天门。

除了上述城门以外,有学者根据资料推测,在外城东垣南段迎春门附近,还有一类似水关的暗门。

白云观附近的辽代土城墙旧影

辽南京皇城

作为辽王朝的陪都,南京城与唐代幽州相比,一个重要的不同就是出现了皇城等代表专制皇权的建筑区。辽南京的宫城,又称内城,是在原幽州城的子城基础上改造和扩建而成的,位置仍在城市的西南角。1012年,王曾出使辽国,在其《上契丹事》中称:"度卢沟河,六十里到幽州,伪号燕京。子城就罗郭西南为之。正南曰启夏,内有元和殿。"可以说明辽南京的子城即是皇城。

皇城位于大城西南隅,在幽州城小城的基础上改建。皇城与大城的位置关系,目前通行的看法是,皇城的城垣借用了大城西垣与南垣的一段,大城西垣南门和南垣西门就是皇城的西门和南门。杨宽的《中国古代都城制度史》则认为,皇城只是与大城一段西垣共用城墙和城门,其余三面均有自己的城墙与城门。王同祯的《老北京城》所附图例则显示,皇城有自己独立的城墙与城门。

对于皇城,路振《乘轺录》记录为"幅员五里,东曰宣和门,南曰丹凤门,西曰显西门,北曰衙北门"。《辽史·地理志》南京析津府载:"大内在西南隅。皇城内有景宗、圣宗御容殿二,东曰宣和,南曰大内。……皇城西门曰显西,设而不开;北曰子北。西城巅有凉殿,东北隅有燕角楼。"其中,"幅员五里",如果是指皇城周长的话,则明显偏小,专家估计皇城占据整个城市面积约四分之一,其周长当超过十里。关于皇城各门的名称,东门、西门记载一致。至于北门,子北即衙北,似一为正称,一为俗称。而"南曰大内",应是《辽史·地理志》的错讹。因此,辽南京皇城的四门名称是：宣和门（东门），丹凤门（南门），显西门（西门），子北门（北门）。

凉殿和燕角楼是皇城城墙上的重要建筑，是在契丹占领幽州城之后兴建的，故而为《辽史·地理志》所强调。凉殿位于皇城的西南角，也就是辽南京城外城的西南角上，其形制据考证与后世建于宫城四角的角楼相似，因可登高纳凉，故称凉殿。《辽史·太宗纪下》载："会同三年（940）十二月丁巳，诏南京皇城西南堞建凉殿。"燕角楼，亦称燕阁，是皇城的东北角楼。皇城三个角均与外城相交，唯有东北角位于城中，因而在此处建楼。明代张爵《京师五城坊巷胡同集》中记载，今南线阁明代时尚名"燕角儿"。线阁是燕角的转音，南线阁附近可能就是燕角楼的遗址。今南线阁稍东的老君台，地势较高，极可能原即为燕角楼的基址。今相关单位在广安门内大街与南、北线阁十字路口东南角，竖立

燕角楼故址纪念牌楼

了燕角楼纪念牌楼。在牌楼台基左右两侧还镶有两块石碑，一块是2004年10月1日当时的宣武区（现并入西城区）政府立的"辽燕角楼故址"碑，一块是"辽燕角楼故址"介绍。

南京皇城的设置，由于受到唐幽州子城以及安禄山、刘守光等人的旧宫殿格局的限制，再加上接受汉族"天子南面而立"的文化观念，宫殿皆南向，也以南门为正门。然而，在其使用方式上却体现了浓厚的契丹文化色彩。皇城虽有四门，但如《乘轺录》记载"内城三门不开，只从宣和门出入"。宣和门是辽南京皇城东门，即唐代的子城东门、史思明称帝时的日华门。出于防守方面的考虑，唐代时虽然也经常利用子城东门，但是其他三门并不是像辽代那样闭而不开的。辽南京皇城只从宣和门出入，除便于日常管理和军事防御之外，更重要的是体现了契丹族以东为尚的观念和朝日的习俗。同样的例子还有，北京西山始建于辽代的大觉寺，也是受辽人朝日的习俗影响，庙宇坐西朝东。因此，宣和门成为事实上起到辽南京皇城的正门的作用，故门上建有五凤楼，契丹主常于正月十五在楼上观赏街上花灯。此外，宣和门前还建有门楼，俗称双门楼，宣和门与迎春门之间的大街热闹繁华，有"康衢"之称。其地位之高，足可想见。

辽皇城内主要由宫殿区和皇家园林区组成，皇家园林区在皇城西部，宫殿区的位置在皇城中部偏东，其东部还有一个区域称内果园。一些著作如《北京古建筑地图》（上）将皇城宫殿区称为"宫城"，"子城中部偏东建有宫城，规划了一道南北中轴线自南门丹凤门到宫城北门并继而延伸至子北门，最后沿南北向大街

大觉寺山门

直抵大城北墙通天门,形成辽南京城的主轴线"。将皇城的宫殿区视为城中之城,并将丹凤门至通天门一线视作辽代规划的中轴线,有不少可以商榷之处。目前尚无辽南京皇城之内另筑宫城城墙的史料记载,也没有相关考古发现可以印证。辽只是沿用了唐、五代幽州旧城郭,再改造利用,即使有中轴线,也只能沿用前代的。

宫殿区在丹凤门内,有围墙环绕,有宫门两重。《辽史·地理志》称:宫殿区"大内在西南隅……内门曰宣教,改元和;外三门曰南端、左掖、右掖。左掖改万春,右掖改千秋。门有楼阁,球场在其南,东为永平馆"。可知,在皇城南门丹凤门上面建有城楼高阁,入丹凤门内有并排的外三门,即南端、左掖、右掖。由南端门再内,为宣教门,宣教门内,则为皇宫大殿。宣教门为元和门,左掖门为万春门,右掖门为千秋门,则为辽圣宗统和二十四年(1006)改。丹凤门外是契丹皇室的球场。球场之东有永平馆,是辽朝接待宋使的驿馆。永平馆原名碣石馆，宋辽澶渊之盟以后始改称永平馆。永平馆附近还有于越王廨，原为契丹名臣耶律休哥的宅邸，后为招待使节的宴饮之所。

一些著作，如于杰的《金中都》、郭黛姮主编的《中国古代建筑史》(第三卷)等，认为在丹凤门以外尚有一宫殿区，其中包括上述的球场外，还有万胜殿和启夏门。这一区是从子城前向南扩建的一区，凸出于南京城的南垣。王曾《上契丹事》中提及的"正南曰启夏"，启夏门就是这区的正门，而永平馆、于越王廨则在启夏门外。而于德源、孙冬虎等人则认为，启夏门就是丹凤门内的南端门，是和宣教门等同时改名的。

金中都

金中都的营建

辽宋末年，生活于东北的女真族迅速崛起，公开起兵抗辽。辽天庆五年(1115)，完颜阿骨打称帝，建国号大金，改元收国元年，定都会宁(今黑龙江省哈尔滨市阿城区)。北宋宣和二年(1120)，北宋与金订立"海上之盟"，决定合力攻辽。1122年战役发动，金兵很快攻占了辽上京、中京、东京，夺取了辽大半故地。而宋

完颜阿骨打像

军却连遭不利，反被辽军击败，只得派人向金求援。金兵遂挥师三路南下，占领了辽南京。于是，海上之盟无法兑现，宋廷只得以重金赎回燕京及山前的涿、易、檀、顺、景、蓟六州。金兵退出时，"大毁诸州及燕山城壁、楼橹，要害咸平之。又尽括燕山金银钱物，民庶、寺院一扫皆空"。实际上交给北宋一座残破不堪的空城。

1125年，金灭辽后，兵分两路复取已被北宋更名为燕山府的原辽南京。1127年，金灭北宋。金夺取北宋燕山府后，改名燕京，置燕京路，将设在平州的枢密院移置于燕京。自金熙宗始，燕京作为金朝科举考试之地，成为制度。此时，原辽南京的城垣和宫殿也陆续有所修复。张师颜《南迁录》记载："忠献王粘罕（即宗翰），有志都燕，因辽人宫阙，于内城外筑四小城，每城各三里，前后各一门，楼橹池堑，一如边城。每城之内，立仓廒甲仗库，各穿复道，与内城通。"《金史》也有皇统元年（1141）金熙宗完颜亶在燕京"御元和殿""御宣和门""宴群臣于瑶池殿"等记录。这些都说明，辽南京的城池和宫阙在金朝得到了一定的恢复。

金皇统九年（1149），海陵王完颜亮杀金熙宗自立。1151年，完颜亮下诏"广燕京城，营建宫室"。1153年，完颜亮将金国都自会宁迁至燕京，初名圣都，不久改称中都。海陵王迁都北京，拉开北京建都史大幕，从此北京成为中国北部的政治中心。完颜亮迁都后，也仿效辽代都城制度，确立了五京名号。五京分别是：中都大兴府，东京辽阳府（今辽宁辽阳），西京大同府（今山西大同），南京开封府（今河南开封），北京大定府（今内蒙古宁城）。完颜亮统治时期，上京会宁被销去名号，夷平宫室，当地的金朝祖陵也迁移到今天的北京房山。金世宗完颜雍登基后，上京会宁的名号才被恢复。

金大兴府图

女真族建国初期，建筑营建水平不是很高。《金史·本纪》称，女真"旧俗无室庐，负山水坎地，梁木其上，覆以土，夏则出随水草以居，冬则入处其中，迁徙不常……有国之初，都上京，府曰会宁，地名金源。其城邑、宫室类中原之州县庙宇，制度极草创"。因此，金中都在修建过程中，更多的是继承、学习、吸收北宋与辽的建筑文化。《大金国志》记载，在营造新都之前，完颜亮派遣画工到北宋原都城东京汴梁，绘其"宫室制度，至于阔狭修短，曲尽其数，授之左相张浩辈，按图以修之"。汴梁原北宋宫室的各种建筑构件、园林装饰等，"其屏扆窗牖皆破汴都辇致于此"，就连宋徽宗苦心经营的"艮岳"中的笨重的太湖石也不例外，被送到燕京。

金中都的修建没有简单地因袭旧日的辽南京城，而是参照北宋都城东京汴梁的规制，进行了大规模的城市改造和扩建。海陵王在迁都诏书中称："眷惟全燕，实为要会。将因宫庙而创官府之署，广阡陌以展西南之城。勿惮暂时之艰，以就得中之制。"改变原本的辽南京皇城偏于西南一隅，实现皇宫居中的"得中之制"，是他改造旧城营建新都的基本出发点，甚至将财政困难、民力艰辛的"暂时之艰"置之不理。

在完成新都规划后，天德二年（1150）完颜亮"遣左右丞相张浩、张通古，左丞蔡松年，调诸路夫匠，筑燕京宫室"。参与工程的还有燕京留守刘筈、大名府尹卢彦伦与刘枢等。宫殿的木材取自真定（今河北正定）潭园，《金史》有"取真定府潭园材木，营造宫室及凉位十六"。此外，《析津志》载，"金朝筑燕城，用涿州土，人置一筐，左右手排立定，自涿至燕传递，空筐出，实筐入，人止土一畚，不日成之"。百里之外取土筑城之说，不太可信，挖护城壕的土就可以筑城，但中都城墙高厚，城址又大大扩展，土方量巨大却是事实。

巨大的工程量和紧迫异常的工期，使金朝为之投入了十分巨大的人力物力。范成大《揽辔录》称："役民夫八十万，兵夫四十万，作治数年，死者不可胜计。"其间还遭遇了大规模疾病疫情，使得张浩不得不在以官位和金钱相诱的同时，强征方圆500里的医生前来处置。1153年3月，中都工程告竣，海陵王移居新都。由于营建金中都的工程仓促，城墙质量不佳，经常出现问题。1159年，中都城垣崩坏，由城中牢城军负责维修，以后又多次加以修葺。

金中都在辽南京城的基础上完成改造、扩充后，使原有的宫殿区位于城市中间略偏西的位置，形成了宫城、皇城、大城三重城垣的格局。金中都的建设，获得了时人及后世的称赞。《金史·梁襄传》称，中都"宫阙井邑之繁丽，仓府武库之充实，百官家属皆处其内,非同曩日之陪京也"。清代于敏中的《日下旧闻考》云："其宫阙壮丽，延亘阡陌，上切霄汉，虽秦阿房、汉建章不过如是。"

金朝末年，金中都在蒙古军队的攻击下，受到严重破坏。元代在其东北角另建大都新城后，金中都旧城虽然破败但仍然存在，以"南城"相称。明朝嘉靖修筑北京外城时，金中都部分地区被纳入城中，城垣被破坏。

金中都大城

金中都的大城周长,《金史·地理志》不见记载,《大金国志》"燕京制度"记载,"城四围凡七十五里"。学者们一致认为,这个数字明显夸大了。据《明太祖实录》记载,洪武元年(1368)徐达命叶国珍"计度南城,周围五千三百二十八丈"。孙承泽的《春明梦余录》也有:"元之南城周围五千三百二十丈,即金之故基。"1958年,北京大学考古学家阎文儒对金中都遗址进行了考察,测量所得的四面城墙长度共18690米,合今37里有余。明朝的文献记录的数据与考古测量的数字基本相符,《大金国志》所记出入太多。

大城东城垣,较辽南京城已向东扩展1里有余,位置在今宣武门大街以东,南起北京南站的四路通,经陶然亭公园、窑台、黑窑厂胡同、潘家胡同,向北直至南翠花湾,长约4510米。在今天的翠花湾,西城区文物保护协会竖立了"翠花湾金中都东北城墙拐角旧址"的标记碑。

大城南城垣,在完颜亮的迁都诏书中有明确的拓展要求。金代文学家蔡珪撰写于大定七年(1167)的《十方万佛兴化院碑记》有"天德三年作新大邑,都西南广斥千步"的记录。大定十年(1170)他的《大觉寺碑记》又有"燕城之南广斥三里"的记录。虽然"千步""三里"均为约略说法,但足以说明中都南垣南移的事实。大城南城垣的位置,从今凤凰嘴村的西南角向东经万泉寺、石门村、祖家庄、菜户营等地到北京南站的四路通,长约4750米。

金中都总体布局图

　　大城西城垣，亦较辽南京西移，在今广安门以西约两公里，南起凤凰嘴村，北至蝎子门、马连道、会城门一带，长约4530米。

　　大城北城垣，在会城门、羊坊店一线，自东北城角翠花湾附近的新华街以西的西夹道到西北城角城根关家园子一带，全长约4900米。以往学者大多认为，金中都的北城墙也就是唐幽州城和辽南京旧城的北城墙旧址,没有什么改变。在西晋蓟城,也即唐幽州、辽南京西北城角的残迹被发掘后,赵其昌在《金中都城坊考》一文中写道:"残迹往北,距会城门向东延伸线——即中都北城墙,尚有百米左右距离,这就表明,金代筑中都城,在辽城的基础上,东西南北四面都有扩展。北端的扩展,虽无文献记录,有遗址为证,可以纠正所谓金中都并未外展的传统说法。"于杰的《金中都》则根据辽代城外华严寺,到金代后变成中都北城内的寺院,推测金中都存在北垣北扩一事。

关于金中都大城的城门数量,文献记载存在差异。《大金国志》《金虏图经》《析津志》等记载中都城门为12个,而《金史·地理志》则记载为13个。其中光泰门为《大金国志》等著作所无,围绕北城垣有无光泰门,以及光泰门建于何时,学者们多有争议。结合相关文献,学者们考订出金中都北城墙确有4座城门,光泰门为北垣最东门。关于光泰门何时修建,尽管有些文献指向中都修建之初就有光泰门,但多数学者仍倾向于为金朝后期修建。孙冬虎《北京历史人文地理纲要》一书指出:"金中都十二门之说,符合城市中轴对称的一般规律,由此启示我们:海陵王扩建燕京城时只有十二个城门,但在随后的某个时期增辟光泰门,由此变为十三门。光泰门的开辟,应在大定十九年(1179)建成大宁宫之后……在中都城北墙偏东处新辟一门,或许就是为了便于与大宁宫之间的往来。"对光泰门的修建时间,做出了十分合理的推论。

金中都城门方位表

城垣方位		名称	备注
东城垣	东北门	施仁门	为辽南京安东门外之中都城门,当在虎坊桥之西、骡马市大街的魏染胡同南口处
	正东门	宣曜门	在今西城区南横街东口与贾家胡同南口交会之处
	东南门	阳春门	在四路通以北东庄村处,永定门车站北、南岗子土垣之南
南城垣	东南门	景风门	在右安门关厢南,右安门外大街与凉水河交叉处稍北
	正南门	丰宜门	在祖家庄南,石门村东,西铁匠村北
	南西门	端礼门	万泉寺偏南处,凉水河上有桥,为门外桥遗址
西城垣	西南门	丽泽门	在凤凰嘴以北,向西通水头庄之路
	正西门	灏华门	中都正西门,为"蝎子门"遗址处
	西北门	彰义门	在广安门外大街湾子处
北城垣	北西门	会城门	今木樨地南河流向东拐弯处湾内稍南
	正北门	通玄门	在白云观北方、真武庙之南
	北东门	崇智门	未详
	北东门	光泰门	未详

根据于杰、于光度著:《金中都》,北京出版社1989年版,第23~24页整理

金中都大城的城门,张棣《金虏图经》载,金中都"城之门十二……其正门四旁皆又设两门,正门常不开,惟车驾出入,余悉由旁两门焉"。由此可知,大城各面的正门,如宣曜、丰宜、灏华、通玄等规模较大,设有三门洞,余下的属于偏门,只有一个门洞。

20世纪60年代凤凰嘴金中都城垣遗址

楼钥的《北行日录》有："经端礼门外，方至南门。过城壕，上大石桥，入第一楼，七间，无名。傍有二亭，两旁青粉高屏，墙甚高。相对开六门以通出入，或言其中细军所屯也。次入丰宜门，门楼九间，尤伟丽。分三门，由东门以入。"这说明各个城门之上均有城楼，重要的城门如中都正南门丰宜门应属"国门"，有代表皇家规制的九间门楼，还有屏墙围护。此外，金中都的城门前的护城壕桥也架设了石桥，代替了辽南京的木吊桥。一些文献还记载中都大城城墙有城砖包砌的情况。明朝初年刘定之的《呆斋集》记录梁园附近的金中都东垣的时候说："今其城仅存土耳，甓皆为人取去，今取者未已。"元人的《事林广记》中所绘金中都城垣也是砖砌。实际情况如何，尚待考证。

辽南京城垣已没有任何遗迹可寻，金中都外城至今尚有遗址可考。在今广安门外马连道仓库、蝎子门、高楼村、凤凰嘴村一线尚有西城垣遗址，凤凰嘴村以东尚存一段南城垣遗址。据1958年勘测，当时城垣遗址高者6米有余，低者也不少于5米，全部用黏土夯筑而成，夯土层为5~10厘米不等。夯土中含有唐代青、白瓷片，宋代钧瓷、定瓷片，黑釉缸残片，辽金时代的沟纹残砖等。在凤凰嘴北的蝎子门一地，有高近6米、基底宽近18.5米、门口宽近30米的城门遗址。后来在城市建设和生产、生活中，这些遗址受到了不同程度的损坏，蝎子门已不见，如今只有3处尚存，但最大的不过20米长，3米多高了。1984年，这些遗址均以"金

高楼村金中都西城垣遗址

中都城遗迹"的名义被列入北京市第三批文物保护单位。有关部门还在凤凰嘴遗址附近设立了万泉公园,加强对遗址的保护、宣传与展示。

金中都外城还有一处重要遗址是,1990年10月在右安门处玉林小区发现的中都城南城垣下水关建筑遗址。金中都拓建后,原来辽南京的西南护城河的莲花河,成为金中都的金水河,该河自龙津桥向东南流,从南垣景风门之西侧城墙经水关穿城而出。水关遗址全长43.4米,通水涵洞长21.35米,宽7.7米,北入水口宽11.4米,南出水口宽12.8米,呈"][" 形。底部过水面距现地面高度为5.6米。水关整体结构为木石结构,最底层基础密栽木桩,桩间以碎石砖瓦及沙土夯实,桩上置衬石枋,枋上铺设地

金中都水关遗址

辽金城垣博物馆

面石板。桩枋以卯榫形式相连，衬枋石之间以木银锭榫相接，铺地石板与衬枋石用铁钉连接，石板以铁银锭榫相连。进出水口及泊岸两侧设有掰石桩。此处水关遗址，1995年被公布为全国重点文物保护单位。目前，在水关遗址上，建立了辽金城垣博物馆。

金中都皇城与宫城

金中都的皇城位于中都城内中央偏西南处，是在承袭辽南京皇城的基础上改造和扩建而成。皇城的平面布局是：南部为宫廷前区，主要有各外廷衙署和太庙等；宫廷前区的北边为宫城；宫城墙外东西两侧是东苑和西苑等皇家宫苑。皇城有门四座：东为宣华门，南为宣阳门，西为玉华门，北为拱辰门。

金中都皇城的规模较辽南京皇城略有扩展，《大金国志·燕京制度》称"（皇）城之四围凡九里三十步"。至于中都皇城如何

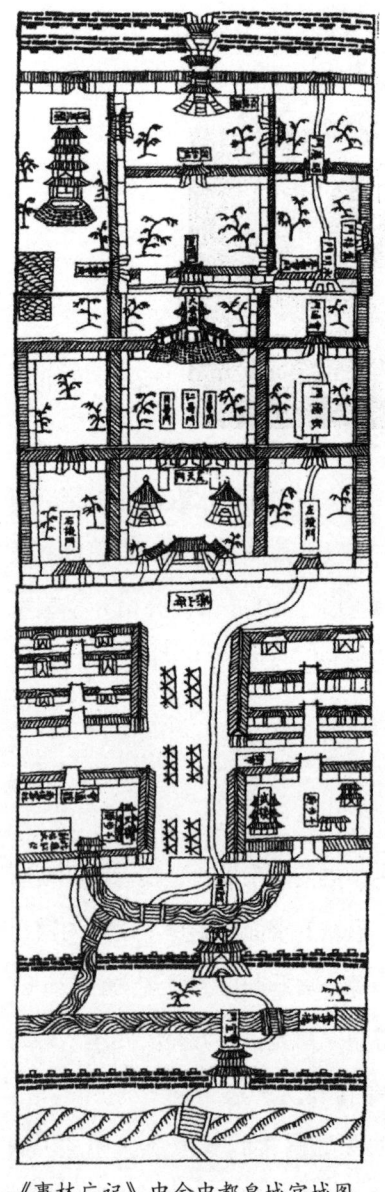

《事林广记》中金中都皇城宫城图

扩展，除了一致认为南部向南延伸外，其他方向的状况，学界意见并不一致。曹子西主编《北京通史》第四卷记载："皇城四周的大致位置是：南墙在今广安门外鸭子桥东、西延长线上，东墙在今广安门南、北线阁偏东的南北线上，西墙在今广安门外甘石桥南北向河流东岸一线上，北墙在广安门外大街南侧的东西一线上。"对比辽南京皇城，是东、南墙向外扩展了，西、北墙则基本没有变化。阎文儒、于德源等认为，皇城其他三个方向均承袭了原来的辽南京皇城。于德源的《北京城市发展史》中有："据阎文儒先生考订，金中都皇城四至：东垣在今北京宣武区南线阁稍东老君地之南北一线，亦即辽南京皇城东垣。其东门宣华门即辽南京东门宣和门，亦即唐幽州城子城东门。西垣在白云观西土城台南至小红庙村之南北一线，亦即辽南京外城西垣。南垣在鸭子桥稍南之东西一线。北垣在白菜籽村稍北之东西一线，老君地为其东北角。以上四面长度总计约5000米，与'九里三十步'之数大致相符。"于杰的《金中都》则认为：金中都的皇城较辽南京皇城而言，四个方向均有程度不等的扩展。实际状况如何，仍需要进一步深入研究。

金中都皇城正南门宣阳门，其址在菜户营以北的鸭子桥之南。宣阳门是皇城的正门，规格较高。在砌砖的城墙上建重檐城楼，面阔九间，屋脊有巨大的鸱吻。《金史·章宗纪》有泰和四年（1204）"大风毁宣阳门鸱尾"的记录。宣阳门下设三门，三座门仿照北宋汴京做法，大门用镀金铜钉加以装饰。中间的大门绘龙，为皇帝出入专用通道，两侧旁门绘凤，按单双日开其中一门，供官员、使臣以及其他人员出入。宣阳门屋面则纯以黄琉璃瓦覆盖，远远望去金碧辉煌，极为华丽。皇城的其他三门形制大体相当，略低于宣阳门，《大金国志》称"金碧翚飞，规模壮丽"。

在宣阳门与中都南门丰宜门之间，有横跨金水河上的金

金中都宫殿用琉璃鸱吻

水桥龙津桥。桥上分三道，正中是专供皇帝出入的御道，用栏楯与两侧的便道隔开。入皇城的南门宣阳门，正中是御道，夹道有沟，沿沟植柳，道旁为东西千步廊。文楼、来宁馆（为辽永平馆改建）、太庙分布在廊之东；武楼、会同馆（为辽于越王廨改建）、尚书省在楼之西。宫城前设各部衙署，千步廊以及由千步廊与宫城的左右掖门围合成一个"T"形广场等布局形式，为后世元大都、明清北京皇城所继承。千步廊之脊覆以青琉璃瓦，与轴线上的主建筑黄色琉璃瓦形成极好的呼应。原辽南京丹凤门的名称尚存，位置不详。于杰《金中都》认为在应天门之南，尚有丹凤门。

宫城位于皇城中央偏东靠北，为金中都最核心位置。宫城的南北中轴线是全城的主轴线，向南经过皇城的宣阳门直达大城南垣的丰宜门，向北由皇城北门拱辰门直达大城北垣的通玄门。这条中轴线位于今北京西二环南段广安门滨河路一线，紧邻原明清北京城外城西墙一线。金中都的城市功能基本上是根据此轴线，环绕宫城而部署的，十分明显地突出了中国传统文化中的"天子居天下之中""择中立宫"的营国理念。

宫城平面为南北长于东西的矩形，《大金国志》称其内"殿凡九重，殿三十有六，楼阁倍之。正中位曰皇帝正位，后曰皇后正位。位之东曰内省，西曰十六位，乃嫔妃居之"。宫城分中央区、东部区和西部区，三区呈东西并列之式。中央区分外朝与内廷两部分，外朝多用于各类大典及接见使臣，内廷则用于处理朝政及帝后居住。东部为东宫、内省；西部则前为鱼藻池（今青年湖），后为妃嫔的居所。

宫城四周有城垣环绕，南面开有三门，正中为应天门，两侧相距1里左右为左掖门、右掖门。宫城东西两面设东、西华门，二门相对，北面也有一门。

应天门，旧名通天门，大定五年（1165）改，文献记载中还有应天楼、承天门之称，是宫城的正门，规格与形制等级较高。应天门的形制，《北行日录》记载为："正门十一间，下列五门，号应天门。左右有行楼，朵楼曲尺各三层、四垂。"《大金国志》有："通天门即内城之正南门也，四角皆朵楼，瓦皆琉璃，金钉朱户，五门列焉。门常扃，惟大礼祫享则由之。"《揽辔录》则有："门十一间，曰'应天之门'，旧尝名'通天亦开'。两挟有楼，如左右升龙之制。东西两角楼，每楼次第攒三檐，与挟楼接，极工巧。"从描述中可以看出，应天门是由多个建筑组合而成的城门，平面为凹字形。城门为门楼形式，下部有墩台，上部的木构建筑为十一开间，下部的墩台上开了五个门洞，安装有镀金铜钉装饰的红门。大门左右有"行楼折而南"，可以理解为左右有一段行廊经过一个亭子式样的"朵楼"后,折向南方。"朵楼曲尺各三层、四垂"则是指凹字形最突出的部分修建了一个重檐的母阙和两个单檐的子阙，形成了三个层次和四条屋檐，故称"三层、四垂"。这种形制与今天的故宫午门比较接近。应天门建筑的屋面均采用琉璃瓦，非常壮观。应天门平时不开放，只有重大的典礼、祭祀等才可以出入与使用。应天门两侧的左、右掖门，门上各有一楼，重檐三层，与应天门上东、西夹楼相接，飞檐勾连，金碧辉煌。宫城四角有角楼，《北行日志》记其形制为"朵楼曲尺三层"，与今天北京故宫角楼类似。应天门内为大安门，大安门后则为大安殿，是金大朝正殿。1990年，在"西厢工程"工地上，北京市文物研究所考古人员在滨河路两侧，探得金中都宫殿夯土13处，南北分布超过千米。经过挖掘，确定为应天门、大安门和大安殿等遗址位置。其中，大安殿的遗址南北长60米，东西残宽60米，夯土层厚5米。2003年，为纪念北京建都850周年，当时的宣武区人民政府在"蓟城纪念柱"南面，滨河公园内的金中都大安殿遗址上建立了"北京建都纪念阙"。2013年，又在此处扩建"金中都公园"，将应天门旧址等进行标示。

中都宫城的城墙与城门已没有实际建筑物可供参考，除了文

金中都公园

字记载以外，还可以用来作为重要参照的是山西繁峙岩山寺壁画。岩山寺创建于金正隆三年（1158），现存文殊殿是金代原物。殿内四壁满绘壁画，是金宫廷画师王逵领衔于金正隆三年、金大定七年（1167）所作。王逵先后在北宋、金宫廷长期服役，对汴京、中都的建筑十分熟悉，壁画很多建筑样式就是中都建筑的翻版。除了因为担心僭越，在建筑的形制方面略有调整。其他与文献比对高度贴合，其逼真度得到了建筑史专家学者的充分肯定。中国建筑研究院傅熹年院士撰写了《陕西省繁峙县岩山寺南殿金代壁画中所绘建筑的初步分析》，指出："岩山寺近代壁画中画了大量的建筑形象，大大地丰富了我们对金代建筑特别是金代宫殿建筑的认识，而且上溯北宋，下及元、明，还可以为研究北宋至元、明间宫殿建筑的演变和继承关系提供新的线索，很值得深入地研究探索。"岩山寺壁画对中都宫城建筑进行了细致的描绘，除了应天门以及各大宫殿外，对宫城的城垣也有所表现。傅熹年院士在《陕西省繁峙县岩山寺南殿金代壁画中所绘建筑的初步分析》一文中，对壁画进行了详细解读。壁画反映的城墙样式是"宫殿最外围为砖城，城四面各开一门"。"墙顶外有垛口，内有女墙，城身有向外突出的马面，上建敌楼。敌楼下用木柱，上为平顶，顶上建瞭望用小棚，形如穹庐，宋代叫作'白露屋'。敌楼前、左、右三面面向城外，用木板封闭，板上开射击孔，板后用木棍支撑。向城一面敞开，不设装修"。"北面在城墩上开一门，亦为梯形木构门道，上建面阔五间的门楼"。这些对我们了解金中都城垣均有重要参考意义。

岩山寺壁画（局部）

元大都时期

元大都是今天北京城的前身，也是北京正式成为全中国政治文化中心的开始。在中国古代史上，元大都也是最后一座按照既定的规划平地创建的都城，以其完整的规划和宏大的规模，在当时的世界城市中居于突出地位。元大都的城墙与城门的布局、规模气度、建造工艺等，也达到了一个新的历史高度。

元大都的营建

忽必烈定都燕京

成吉思汗(1162—1227)

1206年,铁木真在斡难河(今蒙古鄂嫩河)统一蒙古诸部,建大蒙古国,号成吉思汗。1211—1215年,成吉思汗亲率蒙古大军三次攻打金中都,最终占领了该城。蒙古军攻占金中都后,改中都为燕京,设燕京路大兴府,管理周边地区。元太祖十二年(1217)八月,又设行台尚书省于燕京,任命木华黎为天下兵马大元帅、太师、国王,全面指挥沙漠以南汉地的军政大事。

长期的战争以及后来蒙古军队的掠夺,燕京地区的城市、经济受到了空前严重的破坏。李心传《建炎以来朝野杂记》记载,1213年,蒙古军队在燕京周边广大地区大肆杀人掠物,使得"人民杀戮几尽,金帛、子女、牛羊马畜,皆席卷而去。屋庐焚毁,城郭丘墟也"。1215年,占领燕京后,又将金朝遗留在燕京的财物全部运到漠北,并对周边地区大肆搜刮,仅耕牛就有数万头之多。燕京地区人口锐减,正常农业生产无法进行,竟然出现了人吃人的惨剧。《国朝文类》记述了这一惨状:"是时,河朔为墟,荡然无统。强焉若陵,众焉暴寡,孰得而控制之?故遗民自相吞噬殆尽。"蒙古军队的抢掠搜刮,使本来已经饱经战乱的城市更加残破不堪,昔日女真统治者花费巨资与人力营建的金碧辉煌的皇宫苑囿只剩下一些断垣残壁。

另一方面,蒙古统治者在维护社会稳定、恢复农业生产、保护和发展文化教育、扶持和利用宗教势力等方面,也做了一些有利的工作。如王檝、耶律楚材、赛典赤·赡思丁等人在建立各种制度、恢复生产、惩处贪官暴吏、安抚人心等方面,先后都做出了一些有利于燕京地区社会稳定、人民生活改善的政绩。因此,在成吉思汗至蒙哥统治的50年间,燕京地区逐步恢复了中国北部地区政治、经济、文化中心的地位,为忽必烈在此建立元的统治中心大都打下了坚实基础。

1251年,受蒙哥汗之命,忽必烈负责总领漠南汉地事务。此后10余年间,忽必烈任用了大批汉族幕僚和儒士,如刘秉忠、许衡、姚枢、郝经、张文谦、窦默、赵璧等,并提出了"行汉法"的主张。1256年春,忽必烈命僧子聪(即刘秉忠)在桓州东、滦水北选择

忽必烈(1215—1294)

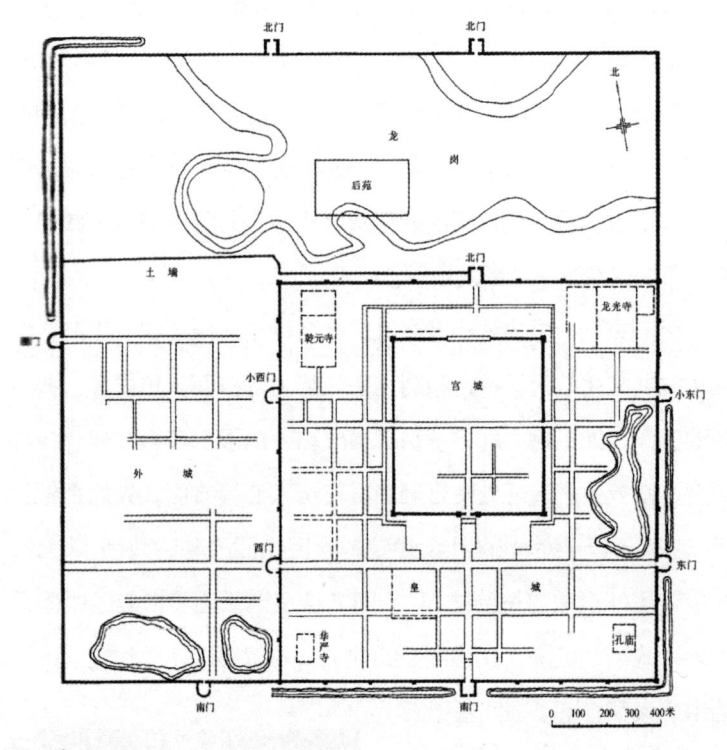

元上都平面图

地址，建开平府城（今内蒙古自治区正蓝旗西北），营造宫室，作为王府常驻之所。忽必烈以开平为基地，统治汉地，控制关中，成为在蒙古统治集团中得到汉地地主阶级支持的一支势力。

1259年，蒙哥汗在进攻南宋时，于四川合州钓鱼山受伤致死。1260年5月，忽必烈在开平即位称汗。6月，正式建年号"中统"。与此同时，蒙哥汗之幼弟阿里不哥也在哈剌和林（今蒙古人民共和国额尔德尼桑图附近）称汗。与阿里不哥的皇位争夺战中，忽必烈以燕京作为稳固的后方基地，利用中原雄厚的经济基础，最终于1264年取得了胜利。在汗位之争取得胜利后，忽必烈取消了和林的都城地位，设立宣慰司加以统辖。

中统四年（1263）五月，忽必烈正式定名开平为上都。至元元年（1264）八月，忽必烈改燕京为中都。燕京再度成为都城，是忽必烈采纳汉蒙谋士建议后的举动。据《元史》记载，蒙古贵族霸突鲁曾对忽必烈说："幽燕之地，龙盘虎踞，形势雄伟，南控江淮，北连朔漠。且天子必居中以受四方朝觐，大王果欲经营天下，驻跸之所，非燕不可。"汉族谋士郝经等人也提出了"都燕"的建议，理由是"燕都东控辽碣，西连三晋，背负关岭，瞰临河朔，南面以莅天下"。即位之初，忽必烈实行两都制，以开平为首都，燕京为陪都。每年初夏驻开平，冬季则驻燕京。

至元四年（1267），忽必烈下诏修建中都。

至元八年（1271），忽必烈接受刘秉忠的建议，正式改国号为大元。"元也者，大也。大不足以尽之而谓之元者，大之至也"。将国号改为大元，替代"大蒙古国"，既是忽必烈对自己是多民族国家统治者的标榜，也是其推行汉法的标志。

至元九年（1272），忽必烈改中都新城为大都。1279年，随着南宋政权崖山之役中彻底覆灭，大都成为全国政治文化中心。大都成为首都后，上京开平则变成了陪都，但两都制未变，一直为后世元帝所遵行。

大都的选址

元大都的营建,并未像以往各个朝代那样,在蓟城城址的基础上扩建改造,而是在金中都旧城的东北方另建新城。

忽必烈决定另建新城的原因主要有两个:一是燕京城过于残破;一是燕京的水源地莲花池水系水量不足。

燕京城的宫殿和城垣,在金末战乱以及1227年燕京地区发生大地震后,皇宫及其周围的皇家园林遭到严重破坏,已经不可能恢复到原来的面貌了。南宋端平元年(1234),在南宋使臣眼里,昔日繁华的中都城不复存在,"亡金宫室,瓦砾填塞,荆棘成林"。经过将近50年的时间,许多金皇家宫室和园囿已经变成了普通民居。如果仍在燕京修建宫城,旧的宫殿、园囿不仅无法再资利用,而且还要拆除大量民居。这样的工作量,远远要高于择地再建。

莲花池水系在北京城发展初期,基本上可以满足城市各个方面的用水的要求。但随着北京地区经济的发展,特别是成为都

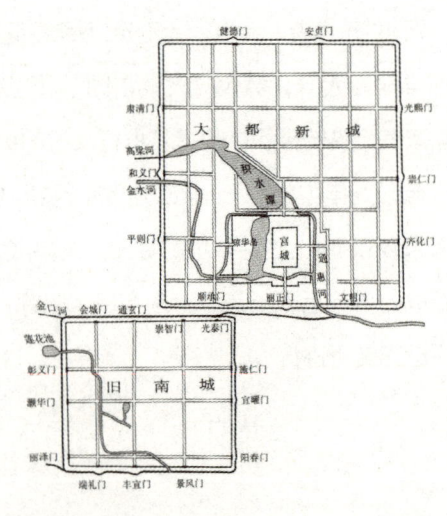

元大都新城与旧南城示意图

城以后，人口激增，宫廷和园林点缀用水需要与日俱增，莲花池有限的水源已经远远不敷使用。加之，燕京城内的水质也不断恶化，元代初年的文献已有"旧燕土泉疏恶""水率咸苦"的记录，开始变得不适宜居住。加之，新建都城的漕运对水的需求更加巨大。因此，另找水源地成为非常急迫之事。

在燕京城的东北面，金代统治者曾经修建了一组规模较大的离宫，称为大宁宫。蒙古军队攻打金中都时，大宁宫远离战场，受损不大。因此，忽必烈到燕京，大多驻扎于此。忽必烈即位后，大食人也黑迭儿曾建议重修大宁宫琼华岛，被拒绝。随即，忽必烈的态度就发生了转变。至元元年（1264）二月，忽必烈就下令修建琼华岛（今北海公园琼华岛）。在中都工程尚未开始，就修

今北海公园琼华岛

建琼华岛，说明忽必烈对此处的钟爱，也说明他倾向于以此为中心另修新城。事实上，此处地势高爽，地形平整宽阔，适合建筑大型城池。而燕京城东、南地势低洼，沼泽池塘密布，燕京西北则有浑河（即永定河）流过，经常泛滥成灾，都不是理想的城址选择。

大宁宫周围水面较大，上游还有海子（今积水潭）和高梁河，水资源比较丰富且未被污染。中统三年（1262），元代著名科学家、水利学家郭守敬向忽必烈提出改造中都旧闸河导引玉泉山泉水以通漕运的方案得到了批准。城市各种用水以及漕运问题均得到了解决。新城选址以大宁宫为中心的方案，得到了忽必烈的批准。

也有学者认为，从风水角度看，西北地势更高，有利于镇压前朝的王气，也是大都设计者刘秉忠的考虑之一。李淑兰《北京史稿》有："琼华岛是中都一带的制高点，以此处建城有'镇压'住前朝的用意。"

在确定新址的同时，营造新都的各种机构也陆续筹备到位。中统元年（1260），"建两京殿宇，始置司以备工役"，所置祗应局，下设油漆局、书局、销金局、裱褙局等。二年，置修内司，"掌修建宫殿及大都造作等事"，下设大、小木局，泥厦局，车局，妆钉局，铜局，竹作局，绳局等。还设有养种园，"掌西山淘煤、羊山烧造黑白木炭，以供修建之用"。此外，新都周边的路府如真定路、东平路、保定路、大同路等也成立管匠官等相关衙署，直接隶属于宫殿府，为其调集各地工匠前往营建新都服务。

大都的设计与施工

元大都营建工程是在忽必烈亲自掌握和指导下进行的,具体工程的规划、设计与建造是由刘秉忠负责的。《析津志》载:"其内外城制与宫室、公府,并系圣裁,与刘秉忠率按地理经纬,以王气为主。"

刘秉忠(1216—1274),邢州(今河北省邢台市)人。初名侃,字仲晦,号藏春散人,因信佛教法号子聪,入仕后忽必烈赐名"秉忠"。出身官宦家庭,博学多才。青年时代不得志,曾出家为僧,"隐居求志"。忽必烈取得汗位以前,刘秉忠被其召见,开始参与政务。《元史》有传,称其"于书无所不读,尤邃于《易》及邵氏经世书,至于天文、地理、律历、三式六壬遁甲之属,无不精通。论天下事如指诸掌"。"他如颁章服,举朝仪,给俸禄,定官制,皆自秉忠发之,为一代成宪",对元代政治体制、典章制度的奠定发挥了重大作用。刘秉忠逝世后,元世祖赠太傅,封赵国公,谥文贞。元成宗时,赠太师,谥文正。元仁宗时,又晋封常山王。

除了刘秉忠以太保领中书省而全面负责大都兴造以外,具体负责指挥修

刘秉忠像

建工程的有张柔、张弘略父子，行工部尚书段桢（段天佑），蒙古人也速不花，尼泊尔工匠阿尼哥等，大食人也黑迭儿负责宫殿的设计与建造，元代著名科学家、水利学家郭守敬负责水系建设。其中，段桢所发挥的作用巨大。他担任工部尚书、大都留守、达鲁花赤等职务历30余年，不仅自始至终参与了大都建设，大都建成后相当一段时间内的城墙、宫殿、官署等维修与增建工作也是由他经管的。

阿尼哥像

元大都的规划与建设，是建立在十分科学的基础之上的。刘秉忠在赵秉温等人的协助下，首先进行详细的地形测量，根据山川形势，对都城的规模大略，宗庙、殿宇、衙署、坊巷的布置做了精心规划，绘成图册，然后再制定各种具体方案和程序。在房屋和街道建造之前，先埋设全城的各种下水管道，再逐步按规划施工。

元大都设计规划的指导思想，目前多数学术著作认为：在历代都城中，它最接近《周礼·考工记》所描述的营国制度。《周礼·考工记》称："匠人营国，方九里，旁三门。国中九经九纬，经涂九轨，左祖右社，前朝后市。"这一原则，对两千多年的中国都城建设产生了重大影响。侯仁之主编的《北京城市历史地理》认为，总体来看，元大都"城内主要建筑群的布局和安排，基本上是合乎'匠人营国'中前朝、后市、左祖、右社的设计要求的"。北京大学历史系《北京史》则十分明确地指出："大都的设计思想，完全恪守《周礼·冬官考工记》所规定的原则。"而潘谷西主编《中国古代建筑史》（第四卷）则提出不同看法。书中指出，"近世论及元大都布局，往往认为是由他（刘秉忠——编者注）按《考工记·匠人营国》的模式建造起来的复周礼之古的一座都城。这个问题是值得商榷的"，"元大都的规划与建设的最突出之点是熔汉、蒙两族文化于一炉，创造了一个具有崭新风貌的伟大都城。它非但不是复《周礼·考工记》之古的都城典型，相反，倒是个能充分因地制宜、利用旧城、兼收并蓄、富有创新精神的都城建设范例"。

为了使皇城处于整个都城的中心靠南的位置，刘秉忠等人在即将开工的新都城的中央设置了"中央之台"的坐标。此举在中国都城建设史上，堪称一项伟大的创造。据元末曾任大都路儒学提举的熊梦祥所著的《析津志辑佚》记载："中心台在中心阁西十五步，其台方幅一亩，以墙缭绕。正南有石碑，刻曰：中心之台，实都中东、南、西、北之中也。"通过中心台，大都的城垣、建筑布置有了定位的参照点，从而大大提高了营建的精度。

确定了中心台后，从"中心台"向南，紧傍积水潭东岸，垂直南下，形成设计上的中轴线。在此中轴线上，又紧傍太液池的东岸，建造宫城"大内"，即后来所谓紫禁城。《析津志辑佚》有"世皇建都之初，问于刘太保秉忠，定大内方向，秉忠以丽正门外第三桥南一树为方以对。上制可。遂封为独树将军"。其中的大内、丽正门、第三桥等当时应该尚未修建，刘秉忠以大树为原点，确定了宫城的轴线，得到了忽必烈的认可，并将该树封为"独树将军"。这条轴线，也成为整个元大都的轴线，以此为据来安排城门、建筑等。有趣的是，近年来有人从航空测量图发现这条中轴线并非正南正北，而是逆时针偏两度有余。更让人惊奇的是，按照这条轴线向北延伸，正好直达270多公里外偏西的元上都。中轴线偏斜是当时测量不准？显然，以刘秉忠、郭守敬等人的丰富天文知识，人们很难相信会造成如此之大的偏差。还是忽必烈有意将两都连线作为中轴，将两都风水王气连成一脉？如何解释这一现象，目前还没有具有说服力的观点和论据。

元大都城是在至元四年（1267）旧历正月开始兴建的。主要工程分为宫殿、城池、河道三项，初期主要进行宫殿建筑，1274—1276年间，基本建成皇城和宫城。1283年建成大城，整体竣工在1285年。1293年，通惠河工程完工，大都建设遂告竣。

大都建成以后，将原燕京城中贵族官吏以及富有者先行迁入新城。《元史·世祖纪》记载："至元二十二年二月壬戌，诏旧城居民之迁京城者，以高及居职者为先，乃定制以地八亩为一份。其或地过八亩及力不能作室者，皆不得冒据，听民作室。"新城与旧南城并用，一直延续到明朝。两城之间的相互往来，形成一些便道，便道两侧后又搭建商铺，今宣武门外众多的斜街如棕树斜街、杨梅竹斜街等，均由此而来。

元大都大城

大城总体布局

元大都有三套方城，最外为大城，中间为皇城，宫城最内。

元大都大城，是一座南北略长的矩形城垣。《元史·地理志》、陶宗仪《南村辍耕录》均记载"城方六十里"。经实际勘测，北城墙长 6730 米，东城墙长 7590 米，西墙长 7600 米，南墙长 6680 米，周长为 28600 米，折合为 57.2 里，与所记"城方六十里"基本吻合。《马可·波罗游记》称"新都的整体是正方形，范围 38 公里，每边约长 10 公里"，则出入较大。

元大都城的北城垣在今北京安定门和德胜门外五里左右小关一带的北土城。《顺天府志》曾记载："元之都城，视金之旧城拓而东北。至明初改筑，乃缩其东西以北之半面而小之。今德胜门外有故土城关，隆然坟起，隐之曲抱，如环不绝，传为北城遗址。"这一带，至今仍有断断续续的城垣遗址存在，其中健德门瓮城遗址以及北土城水关遗址等均清晰可辨。

元大都的东西两侧城垣，其南段与明清北京东西城垣的位置一致，相当于今北京东西二环路。在 1969 年拆除北京东西城垣

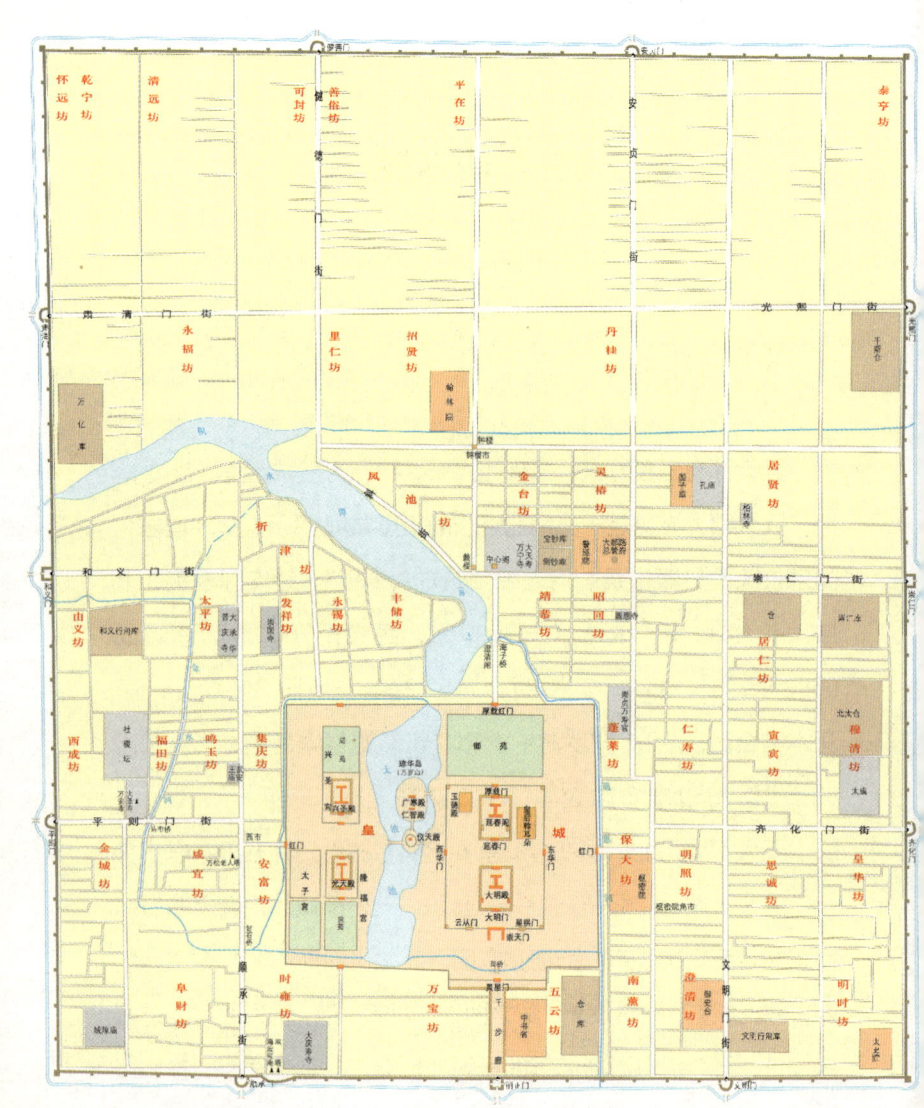

元大都平面图

20世纪30年代的健德门土城

的时候，曾发现被包砌其中的元大都城垣。明成祖迁都北京，加筑北京城郭，使之雄厚，将元大都城的东西城垣包筑在内。东西城垣北段土城在明清东西城垣的延伸线上，长度约5里。在20世纪70年代初，北京市文物局考古队撰写的《元大都的勘查和发掘》有载："东西两面城墙的北段，至今地面上犹有遗迹，即今北京北郊的所谓'土城'。"如今东城垣北段的城墙遗迹已很难辨识，西城垣北段的土城仍断续存在。乾隆手书的"蓟门烟树"碑矗立在西城垣土城遗址之上，明光桥路口西南侧尚存元大都肃清门（俗称小西门）瓮城遗址，西城垣水关遗址也是重要遗存。

　　元大都南城垣在今北京东西长安街南侧，自古观象台至鲤鱼胡同之东西一线。今北京建国门南侧的古观象台，经考古勘查证明即元大都城的东南角。这座古观象台基础部分仍为元大都城垣

北京古观象台

夯土，并与大都城东南两面的城垣夯土相接。1964年又在古观象台西侧、建国门内大街以南的鲤鱼胡同内发掘出元大都南城垣基础。元大都南城垣在西段一处略有凸出，凸出的痕迹，在20世纪50年代长安街展宽之前仍可以很清楚地看到。究其原因，明《顺天府志》录《元一统志》载大德三年（1299）庆寿寺石碑的碑文做了解释。碑文介绍，在燕京城东北有座著名的寺庙庆寿寺，寺内有高僧海云、可庵的墓塔。"海云、可庵皆葬于寺之西南隅。至元四年（1267）新作大都，二师之塔适当城基，势必迁徙，以遂其直。有旨勿迁，俾曲其城以避之"。碑文又载，为保存两座宝塔，忽必烈"敕命远三十步许，环而筑之"。庆寿寺其旧址在今北京电报大楼西侧，寺早在明朝时已不复存在，双塔一直保存，直到在长安街展宽的过程中被拆除。

大都大城四面共辟有十一座城门。南城垣三门，正中为丽正门（今正阳门北天安门以南，人民英雄纪念碑处）、东为文明门（又称哈达门、海岱门，今崇文门北东单）、西为顺承门（今宣武门北西单）。东城垣三门，南为齐化门（今朝阳门）、中为崇仁门（今东直门）、北为光熙门（今北京东城区和平里东光熙门）；西城垣三门，南为平则门（今阜成门）、中为和义门（今西直门）、北为肃清门（今海淀区学院南路西端小西门，邮电大学西侧）；北城垣两门，东为安贞门（今安定门小关，南现有三环安贞桥）、西为健德门（今为德胜门小关）。

庆寿寺双塔

元大都大城的四隅皆有角楼，除了现在作为古观象台的东南角楼外，海淀区黄亭子一带西北城角的遗址尚存。大城周围有宽阔的护城河环绕。在兴建大都城的过程中，曾"大兴力役""浚治新城壕堑"。城墙完工后，又"挑掘城壕"，用挖出来的土，"添包城门一重"。北土城附近的小月河，是当年大都北城垣外护城河，至今宽尚有7.5米，当年之宽深可以想见。

元大都土城遗址，1957年被公布为北京市文物保护单位，

元大都土城遗址公园

2006年被公布为全国文物保护单位。1988年3月,经北京市政府正式批准为"元大都土城遗址公园"。2003年,由海淀区、朝阳区、北京市水利局、北京市文物局共同参与全面启动了元大都土城遗址公园的整体改造工程。改造后的元大都土城遗址公园是北京市跨度最大的一座遗址性园林公园,西起海淀区明光桥下,途经黄亭子、蓟门烟树,跨越小月河水关遗址后折向东,经牡丹园、健德门,穿越奥林匹克景观大道中轴路,沿樱花西街向东再折向南,直至和平里东的东土城与二环路的护城河相连接,全长9公里,宽度为100~160米,总面积达110余万平方米。公园将古城遗迹、历史河道、园林绿化融为一体,以土城遗迹展示为中心,以园林小品为衬托,建成以保护遗址、展示历史、改善环境、丰富景观、方便市民、利于休闲为目的的大规模的街区公园。

大城的构筑与防雨

元大都大城城垣，为夯土城墙，墙垣基座宽24米。根据考古经验，城墙的底宽、墙高和顶宽比例为3∶2∶1。可知，大都土城的高度为16米，顶部宽8米。底宽上狭的构筑形式，可以使城垣更加稳定。《马可·波罗游记》称大都城"墙底宽约十步，向上递减，顶宽不超过三步，所有的城垛都是白色的"。一方面印证了大都土城的形制，另一方面白色城垛也体现了蒙古族的审美爱好。土城外侧，为了加强防御，每隔一定距离修建马面（明清时称墩台）一个，上建敌台楼橹。今日土城遗址，每隔百米左右就有一个向外突出的大墩台，即为昔日之马面轮廓。

土城夯筑的方法，先是在地面打地基，为了墙体的坚固，城基很深，深入自然土层达2米左右，直达生土层。夯土非常坚实，每夯土层厚6~11厘米；夯窝排列整齐，间距2~3厘米，采用梅花桩夯法，在夯土中加了永定柱（竖柱）和纴木（横木）。1991年，北京市文物研究所对北太平庄以北的一段残高8.4米的大都土城进行了考古发掘。王有泉在《元大都城墙》中对发掘结果有如下记录："元土城的夯土自上而下可分为四种：第一种位于城墙顶部，厚2.5米，由黄土、黑淤土二种夯土交叠构成，夯窝排列非常整齐有序。第二种厚2.25米，为黑淤泥土和浅褐色夯土相间交叠，夯窝较小，此层夯土底部有3根水平南北向的木桩。第三种厚3.5米，灰褐色，分层不明显，夯窝较小且不明显，排列杂乱，此层底部又有3根水平南北向的木桩，且与上层的木桩相对应。第四种即城垣的地基部分，厚 0.6 米，其上部为黄土和黑色夯土相叠，夯窝明显，排列有序，筑法与上层夯土相似；下半部为浅褐色夯土，没有明显的分层，为一个整体。"

由于元大都大城为土城，而北京地区夏季降雨大多集中在每年的 7、8 月份，大量的雨水冲刷，对黄土筑就的大城城垣造成极大威胁，严重的时候则会引发城垣的崩塌。在大都大城修建的过程中，由于城墙的夯土数次被雨水浇垮，当时有人向忽必烈提议用砖石对城墙进行加固。阎复《故荣禄大夫平章政事王公神道碑》记载，当时负责大都城城垣监修的千夫长王庆端进言："'车驾巡幸两都，岁以为常。且圣人有金城，奚事劳民，重兴大役。'因献苇城之策。诏用公言，所省巨万计算。"出于财政紧张，忽必烈最终采用了较俭省的方式以苇蓑城，即在雨季以苇排遮盖城墙。为此，元朝于大都文明门（今北京崇文门北）外设苇场储存芦苇。《析津志》载："世祖（忽必烈）筑城已周。乃于文明门外向东五里，立苇场，收苇以蓑城。每岁收百万，以苇排编，自下砌上，恐致摧塌，累朝因之。""收苇以蓑城"并不能很好地解决土墙防雨的问题，透过芦苇，雨水仍然可以侵蚀城墙。大城建成后不久，就有"雨坏都城"的记录。从至元二十年至三十年（1283—1293）的 10 年间，仅《元史·世祖纪》就记载了 8 次修治大都城的事情。修补所动用的人工动辄万人，最多一次达 3 万人。

受土城难以抵挡雨水这一问题困扰，元朝当局始终存在用砖石包砌大城的想法。波斯史学家拉施特的《史集》称："合罕（忽必烈）在其晚年曾下令运来石头，并欲以石头加固该墙，但他去世了。"《析津志》载：元初，海运万户府朱清、张瑄曾提出"自备己资，以砖石包敷内外城墙"，但他们是海盗出身，后被招抚而专门从事海运，因此并不受信任，加之此事影响很大，会有损皇家体面，"因时宰言，乃废"。但直至元末，元朝当局都无力包砌大城，只是"西城角上亦略用砖而已"。

即便如此，就连效果不彰的"苇编蓑城"的方法，到元代中期，也宣告废止了。《析津志》云："至文宗，有警，有谏者言，因废。此苇止供内厨之需。每岁役市民修补。"元文宗即位之初的 1328 年至 1329 年，元朝蒙古统治者之间爆发了"两都之战"，战争过程中，支持上都开平的蒙古军队将战火一直延烧到大都城下。为了防止对手烧苇攻城，元文宗遂终止以苇蓑城之举，改用每年动用大都军民修补城墙的方式。

除了用苇编蓑城的办法以外，大城城垣还采用了一些其他排水防雨措施。在 20 世纪 60 年代末拆除北京西城墙时，在明清城墙顶部的三合土之下，发现了元大都土城顶部中心安有供排水使用的半圆形瓦管。瓦管顺着城墙方向，断断续续长达 300 多米。用管道泄水，减轻城墙顶部的雨水冲刷城壁，不失为一种合理的方法。但效果仍然有限，城墙崩塌等各种事故依旧不断发生。其中，最严重的一次发生在元顺帝至正八年（1348）五月，"大都霖雨，京城崩"。

大城城门

元大都大城11门，除了北城垣两门外，其余各面均为3座门。这种不对称的布局，与唐长安城、金中都等每面三门的设计不同，也不符合《周礼·考工记》要求的"旁三门"。

对于北城垣两门的设计，后世的学者存在不同的看法。侯仁之主编的《北京城市历史地理》认为可能是受到阴阳术数学说影响。"大都只建十一门，不开正北之门。这可能是因为刘秉忠奉邵雍之说"。北宋邵雍的《皇极经世书》有，"离南坎北，当阴阳之半为春秋昼夜之门也……阳主赢，放以天之南全见，而北不全见，东西各半也"。北面省去一门，以示"北不全见"。另外，依八卦方位，北为坎，《易经·说卦》以为"坎为隐伏"，其方位"重险，陷也"，所以不开城门。陈高华《元大都》中认为："大都之所以开十一门，是象征附会神话中哪吒传说的结果。哪吒三头六臂两足，南面三门象征三头，东西六门象征六臂，背面两门象征两足。"他认为，刘秉忠虽曾出家为僧，但道士气甚重，在设计中加入神秘色彩符合他的行事作风，也更容易得到当局的认可。元末明初长谷真逸的《农田余话》有："燕城系刘太保定制，凡十一门，作哪吒神三头六臂两足。"

元大都大城的各个城门的命名，绝大部分都来源于《周易》64卦的爻辞或彖传、象传。《日下旧闻考》有："元之建国，建元及宫城之名，多取易乾坤之文。""门曰文明，曰健德，曰云从，曰顺承，曰安贞，曰厚载，皆取诸乾坤二卦之辞也。"这在元大都大城诸门名称上，得到比较清晰的印证。例如：南垣正中为丽正门，取《周易·离卦·彖传》"重明以丽乎正，乃化成天下"之意；东垣正中为崇仁门，取《周易·文言传》"君子体仁足以长人"之意；西垣正中为和义门，取《周易·文言传》"利物足以和义"之意；北垣西门为健德门，取《周易·乾卦·象传》"天行健，君子以自强不息"之意。

因各种政治、经济、风俗等原因，大城的各个城门的使用已形成俗规。丽正门有"衣冠之海"之称，是皇家贵族经常出入的地方。文明门是"舳舻之津"，为经通惠河出入大都的船只的关门和税卡。健德门则是元朝皇帝往返上都开平的通道，每次车驾出城之前，都要挑选一匹肥壮的马先出健德门，以便沿途为皇帝提供鲜奶。而顺承门和平则门，则是来自南方和西部的商旅、货物的进出聚集之所。每个城门都设有专门管理城门的军卒，按时启闭城门。

大城各个城门，除了南垣正门丽正门以外，均只有一个门洞。《析津志》记载："丽正门，门有三。正中惟车驾行幸郊坛则开。西一门，亦不开。止东一门，以通车马往来。"考古工作者通过对肃清门和光熙门基址进行钻探时发现，两座城门是被火焚毁的，大量的木炭屑和烧土的堆积层表明大城的城门建筑仍然是沿用唐宋以来的"过梁式"木构门洞。门洞两壁排立木柱，木柱上再搭架梁、枋、椽、板，门洞上部作扁梯形。

各个城门的墩台之上建有城楼，城楼的形制，无从考证。《马可·波罗游记》记载："每个城门的上端以及两门相隔的中间，都有一个漂亮的建筑物，即箭楼，所以每边共有5座这样的箭楼。楼内有收藏守城士兵武器的大房间。"考虑到1299年《马可·波罗游记》问世时，元大都大城仍未修建瓮城，如果所记无误，其中的"箭楼"，应该当作城楼和角楼来理解。每边5座应该是包括两个角楼在内的。

至正十九年（1359）十月，为了加强元大都防御，元顺帝下令各个城门加筑瓮城。《元史·顺帝纪》载："诏京师十一门皆筑瓮城、造吊桥。"1969年修建地铁工程时，在西直门箭楼下发现被明城墙包筑在内的元大都城西垣和义门瓮城城门遗址。瓮城城门高22米，门洞长9.92米，宽4.62米，内券高6.68米，外券高4.56米，门砧石上还遗留承门轴的半圆形铁球"鹅台"。瓮城门洞内青灰皮上有带"至正十八年"内容的题记，说明在元顺帝下诏前，工程已经动工。瓮城门洞结构是"砖券式"与城门的过梁式明显不同，而与明清北京城门洞大致相仿。但门洞顶部砌的四层砖券，只有一层半与左右支重墙衔接，说明当时技术还不够熟练，处于过渡时期。瓮城墙体表面敷以小砖，城顶地面铺砖，原有城楼于明初毁去。经专家复原，箭楼做成地堡式，两侧的两间小耳室是进入城楼的梯道。城楼面阔三间，进深

元大都和义门瓮城遗址

三间，除当心间四柱为明柱外，其他各柱均为暗柱，暗柱有很大的"侧脚"（上部向内倾斜），柱下安地栿，柱间用斜撑，四壁有收分。屋顶结构为木椽上铺设木板，再于其上覆盖三层苇席，并在苇席上敷半米厚的麻、土、碎砾石混合的三合泥。瓮城顶部正中偏西有两个小型砖砌的蓄水池，池上覆盖凿有五孔的石板，是向水池注水的入口。水池旁有一流水沟，分三个漏水孔，穿过瓮城顶部而向下流到木质城门扇之上，用以阻止敌人焚烧城门。这种专门设计的灭火设备，是以往城门建筑未曾见过的新资料。值得一提的是，如此高大的瓮城，却连地基都没做，建筑材料的质量也很差，当年施工之匆促可以想见。

另外，在元大都大城城垣上还建有水关。文献记载有七条泄水渠，在城垣北部发现有三处泄水水关，位于海淀区花园路口东南角的水关是保存最完好的一座。在城墙夯筑之前，水关已预先

元大都水关遗址

建好。在水关遗址出土的一块大青石板上，有"至元五年二月石匠作头"的铭文，字迹清晰可见，明确了该水关建成的确切年份是 1268 年，早于大城完工时间。水关涵洞的底和两壁都用石板铺砌，整个涵洞的石底略向外作倾斜，顶部用砖起券。洞身宽 2.5 米，长 20 米左右，壁高 1.22 米。涵洞的内外两侧，各用石铺砌出 6.5 米长的出入水口。在涵洞的中心部位装置着一排断面呈菱形的铁栅棍，栅棍间的距离为 10~15 厘米。石板接缝之间勾抹白灰，并平打了许多"铁锭"。涵洞的地基则满打"地钉"（木橛），在"地钉"上横铺数条横木，然后将其间用碎砖石块夯实，并灌以泥浆。整个涵洞的做法，与《营造法式》上所记的相关水窗的做法完全一致，说明仍继承了北宋以来的传统工艺。目前，在土城水关遗址南面，立有一块石碑，上面是已故考古学家徐苹芳题写的"元大都北城垣水关遗址"。

元大都北城垣水关遗址碑

元大都皇城与宫城

元大都皇城

皇城位于元大都城内偏南的位置，其中包括三组建筑群，即太液池（今北海和中海）东岸的宫城，西岸的隆福宫和兴圣宫。皇城集雄伟的城阙宫殿和优美的自然风景于一体，吴节在其给萧洵《故宫遗录》所作的序中称赞大都皇城"门阙楼台殿宇之美丽深邃，阑槛琐窗屏障金碧之流辉，园苑奇花异卉峰石之罗列"，"天上之清都，海上之蓬莱，尤不足议喻其境也"。

皇城的城墙，又称"萧墙""禁墙""外周垣"，因墙上大门为红色，故俗称红门阑马墙。《故宫遗录》载："门建萧墙，周回可二十里，俗呼红门阑马墙。"考古人员经过实地测量，皇城东西宽 2000 米，南北长 2400 米，实际周长大约是 8.8 公里，与萧洵所记基本吻合。皇城城垣的四至分别是：东墙在今东城区南、北河沿大街西侧之南北一线；西墙在今西城区西黄城根大街之南北一线；南墙在今东、西华门大街稍南之东西一线；北墙在地安门大街南之东西一线。皇城城垣没有专门的护城河，但北边和西边有积水潭、金水河，东侧有通惠河沿着城根流过，南边承天门前也有金水河流过，基本上四周都有深水围绕，实际上起到了城壕的作用。皇城城外栽种了成排大树，红墙内外反差巨大。元代诗人张昱的《辇下曲》有"阑马墙临海子边，红葵高碧柳参天"；王冕的《金水河春兴》有"人间天上无多路，只隔红门别是春"。以上诗句，都对红门阑马墙进行了生动形象的描绘。

皇城城垣的开始建造时间较晚。杨宽《中国古代都城制度史》认为："大都初建时，只有宫城，萧墙是后来加强保卫工作于元世祖晚年建成的。"至元二十八年（1291）二月，"建宫城南面周庐，以居宿卫之士"。（《元史·世祖纪》）元成宗元贞二年（1296）十月，"枢密院臣言：'昔大朝会时，皇城外皆无城垣，故用军环绕以备围宿；今城垣已成，南北西三畔皆可置军，独御酒库西地窄不能容。臣等与丞相完泽议，各城门以蒙古军列卫，及于周桥，置戍楼以警昏旦。'从之"。（《元史·兵志》）这则材料里，"皇城外皆无城垣"的"皇城"是当时人习惯将宫城称为皇城，是说宫城以外原无萧墙；"今城垣已成"是说皇城城垣已建成。侯仁之的《试论元大都城的规划设计》一文也有"四周修建萧墙，即是日后所谓皇城。隆福宫之北，又增建兴圣宫，为皇太后所居。其兴建时间较晚，此不具论"。同样也持这一观点。

皇城的城门，据《南村辍耕录》"外周垣红门十有五"，应有15座门。其中皇城正南门为灵星门，又作棂星门，位置在今北京故宫午门附近。灵星门有三条门道，向北过周桥到达宫城的崇天门，向南经千步廊连接丽正门。《析津志》载："崇天门，正南出周桥，灵星三门分三道，中千步廊街，出丽正门。"金中都的千步廊以及由千步廊和宫门前空间所围合的"T"字形广场的做法，在元大都得到继承。不同的是，两者的位置发生了变化，金中都的在宫城之前，而元大都的则改到了皇城之前。

　　灵星门的形制，在常见资料中并未述及。林梅村在《大朝春秋——蒙元考古与艺术》中根据美国纳尔逊·阿金斯艺术博物馆所藏元人《宦迹图》推测，灵星门门楼类似北宋李诫《营造法式》卷三十二的"乌头门"。只是门柱上的"乌头"改为"莲花座飞龙"，并在门楣之上正中装饰莲花座火焰宝珠，中心装饰道教太极符。郭超《元大都的规划与复原》则有"灵星门，约1272年建成，城台券式三门，城门进深约13元步，约合62.95营造尺，上建城楼九五开间，后为明代拆除"。对灵星门的形制有了比较

元人《宦迹图》中的崇天门

清楚的叙述，只是书中没有提供具体的资料或考古依据。显然，对灵星门的描述，二者差别很大，有深入研究与甄别的必要。

皇城的北门称厚载红门，因宫城北门厚载门而得名，其余各门的名称散见于各种文献之中，也往往是随其附近重要建筑或部门而名。

皇城城垣的具体构造，元大都考古队《元大都的勘查和发掘》有"皇城俗称'阑马墙'，墙基宽约三米左右"的记录。杨宽《中国古代都城制度史》根据沿着萧墙设置15座城门，驻屯有蒙古军队守卫。蒙古军都是骑兵，因而萧墙俗呼红门阑马墙，"该墙垣筑得比宫城要矮得多"。张保福《乾元文集》记"皇城在土城内南部中央地区中心台的南北中轴线上，周长约20里，基宽一丈左右，高三丈五尺五寸"。基宽与墙高如此尺寸的比例，与元代的城墙规制出入较大。

至于皇城城墙是土城还是砖城，抑或其他形式，学者们的说法不一。于德源等人认为，皇城城墙为黄土夯筑而成，其规格远逊于明、清北京皇城。其结论依据《元典章》所记："捉获跳过太液池围子禁墙人楚添儿。本人状招：于六月二十四日，带酒见倒讫土墙，望潭内有舡，采打莲蓬，跳过墙去，被捉到官。"但据考证，资料叙述的事件发生在至元九年（1272）前后，如果皇城城墙为元世祖末年所建属实，资料反映的夯土墙则未必能代表后修的皇城城墙。陈文良《北京传统文化便览》则认为"皇城为长方形，砖砌宫墙，四隅建有角楼"，似乎将宫城与皇城混同了。李燮平《明代北京都城营建丛考》有元大都皇城，"外面围以紫红色的皇城墙"。王同祯《老北京城》称"皇城的砌筑就比较讲究了，皇城是在夯土墙外边包砌一层没有加工的毛石片，这比大城要坚固且耐风雨"。具体情况究竟如何，尚待深入研究。

元大都宫城

元大都宫城，在当时称为"内城""大内"，抑或称为"皇城"或"内皇城"，位于皇城东部，太液池东岸，南门外有防守驻军用的宿卫直庐，北门外为御苑。宫城的面积，各种文献资料记录有所不同，存在不小的差距。《南村辍耕录》称："周回九里三十步，东西四百八十步，南北六百一十五步。"《故宫遗录》称："内城广可六七里，方布四隅。"《明太祖实录》记录，洪武元年（1368年），"大将军徐达遣指挥张焕计度故元皇城，周围一千二十六丈"。《马可·波罗游记》则有："周围有一大方墙，宽广各有一里。质言之，周围共有四里。"考古工作者经过实测，元大都宫城南北距离1000米，东西相距740米，经过换算比较，这与《南村辍耕录》所记基本相当。

宫城的南垣在今故宫太和殿的东西一线；北垣在今景山公园少年宫前东西一线；东西两侧城垣大致在今故宫东西垣附近。宫城的建筑布局"前朝后寝"或称"外朝内廷"的原则，宫城的中心线上，均衡地分布着南北两组由许多大型建筑构成的院落。南面（即前朝）以大明殿为主体建筑，北面（即后寝）以延春阁为主。宫城内建筑十分华丽壮观，宫门、宫殿及其相关廊屋均进行了豪

琉璃滴水

华的修饰。《南村辍耕录》载："凡诸宫门，皆金铺、朱户、丹楹、藻绘、彤壁、琉璃瓦、饰檐脊"，"凡诸宫殿乘舆所临御者，皆丹朱琐窗，间金藻绘"，"凡诸宫周庑，并用丹楹、彤壁、藻绘、琉璃瓦、饰檐脊"。朱偰的《元大都宫殿图考》认为："以元代宫阙，实为明清宫殿制度之滥觞；其高明华丽，且又过于后代。元固起自漠北，混一欧亚，当年太祖、世祖，叱咤风云，其气度自与他代不同。"并将元大都宫城与明清紫禁城进行比较，认为在宫殿规模、宫门制度、建筑技艺等方面，元大都宫城要略胜一筹。

与元大都大城夯土城墙不同，元大都宫城是一座砖城。《南村辍耕录》记录城垣"高三十五尺，砖甃"。《马可·波罗游记》称，宫城城垣"此墙广大，高有十步，周围白色，有女墙"。大都宫城城垣已无任何地面遗存，20世纪六七十年代元大都考古队曾发现过大都宫墙遗址。"宫城的墙基，由于明代的拆除改建，保存不好，残存的最宽处尚超过16米以上"。王同祯《老北京城》记载,元大都宫城城墙"墙外皮包砌青砖,内部填充石块,不仅美观,而且更加坚固"。

宫城设有六座宫门,四周建有角楼。宫城南垣设三门,正中的崇天门为宫城正门,其左(东)百步有余为星拱门,其右(西)为云从门;宫城北门为厚载门;东西两门分别为东华门、西华门。崇天门和厚载门的连线,向南北两端延伸,即构成元大都城的中轴线。

崇天门,又称午门,位置与故宫今太和殿相当。崇天门规模宏大,为宫城各门之冠。《南村辍耕录》载:"正南曰崇天,十一间,五门。东西一百八十七尺,深五十五尺,高八十五尺。左右朵楼二,朵楼登门两斜庑,十门,阙上两观皆三朵楼。连朵楼东西庑,各五间。西朵楼之西,有涂金铜幡竿。"《故宫遗录》载:"崇天门,门分为五,总建阙楼其上。翼为回廊,低连两观。观傍出为十字角楼,高下三级。"

傅熹年根据上述记录,并结合唐长安承天门、北宋汴京宣德门、金中都应天门等,对崇天门形制进行复原。他在《元大都大内宫殿的复原研究》一文中写道:崇天门也是凹字形平面,门楼东西有斜廊各五间,下通到两观(朵楼),自东西朵楼向南各有五间廊庑,通突出宫城之外的阙,阙是三重子母阙。母阙和转角处的两观本身都是重檐十字脊的枋形建筑,二子阙是附在母阙东西外侧依次缩小的两个附属建筑。另在母阙北面也同样突出两个依次缩小的附属建筑。西朵楼之西,有涂金铜幡竿,是忽必烈应帝师八思巴的要求设立的,代表金转轮王统制天下的意思。除了

崇天门立面复原想象图

傅熹年的相关复原工作外，元人《宫迹图》所绘城门，平面与文献所述类似，只是画面中的城楼为单檐、五开间与文献有悖，也具有参考价值。

宫城南垣的星拱门和云从门，因崇天门修有御道专供元朝皇帝出入，其他人南面出入禁城，只能经由这两个宫门。属于左右掖门性质，星拱门和云从门规格较其他各门略逊。《南村辍耕录》载，星拱门"三间，一门，东西五十五尺，深四十五尺，高五十尺。

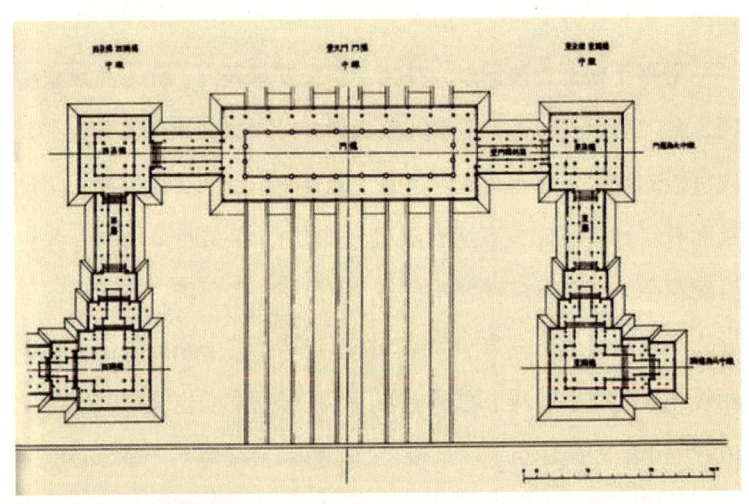

崇天门平面复原想象图

崇天之右曰云从，制度如星拱"。《故宫遗录》云："两傍各去午门百余步，有掖门，皆崇高阁。"此二门的门楼与崇天门及南垣角楼，彼此呼应，形成十分宏大庄严的气势。

宫城东西两门东华门和西华门，和今天故宫的东华门与西华门在南北一线，东西延长线与太液池的圆坻（今北海团城）接近。与明清故宫东华门与西华门处于宫城南部不同，元大都这两座宫门处于宫城的中部。两座宫门的连线从大明殿和延春阁院落中间穿过，东西横贯，成为宫城的横轴。两座宫门的规制相同。《南村辍耕录》记载："东曰东华，七间，三门，东西一百十尺，深四十五尺，高八十尺。西曰西华，制度如东华。"

宫城的北门厚载门，位置在今景山北部，它的夯土基础已被发现。作为后门，规格逊于东、西华门，只有五开间，一个城门洞，但仍高于星拱、云从二门。《南村辍耕录》载："北曰厚载，五间，一门，东西八十七尺，深高如西华。"厚载门上建高阁，前面建有舞台，舞台和高阁之间环以飞桥。每当帝后登上高阁，歌舞伎就开始表演，在乐曲的引导下，由舞台经飞桥升于阁上。"市人闻之，如在霄汉。"

宫城四面建有角楼。文献记录有，"隅上皆建十字角楼"，"角楼四，据宫城之西隅，皆三朵楼，琉璃瓦，饰檐脊"。

明清时期

明清北京城是在元大都基础上改造而成的，历时百余年最终定型。明清两代的改造，不仅使帝王专制的思想得到更加清晰的体现和强化，而且奠定了北京旧城区的规模与格局。在北京城市发展史上，明清北京城是一个极为重要的阶段。它的规划与建设的发展变迁，是中华民族智慧的体现，也是那段历史文化的具体写照。

明清北京城的形成

洪武年间的北平

元至正二十八年（1368）正月，朱元璋在应天府（今南京）即帝位，国号大明，年号洪武。同年旧历七月，明太祖朱元璋以"驱除胡虏，恢复中华，立纲除弊，救济斯民"为口号，命徐达为征虏大将军，常遇春为副将，率军25万由山东北伐。徐达大军进展顺利，抵达河西务，随后攻下通州，元顺帝从健德门北走上京。八月初二（9月14日），明军进抵大都城下，猛攻齐化门，士兵填壕登城而入，元大都遂为明军占领。随后，朱元璋颁布《改北平府诏》，改大都路为北平府，初居山东行省。次年，单独设立北平行中书省，治北平府。洪武九年（1376）六月，改北平行中书省为北平承宣布政使司，辖境如旧。昔日元大都变成北平府，行政级别大大降低。

占领大都后的第七天，即9月21日，"大将军徐达命指挥华云龙经理故元都，新筑城垣，北取径直，东西长一千八百九十丈"，并在随后"督工修故元都西北城垣"。（《明太祖实录》卷34）将北平城的北城墙向南缩进了五里，废弃了元大都时的肃清门和光

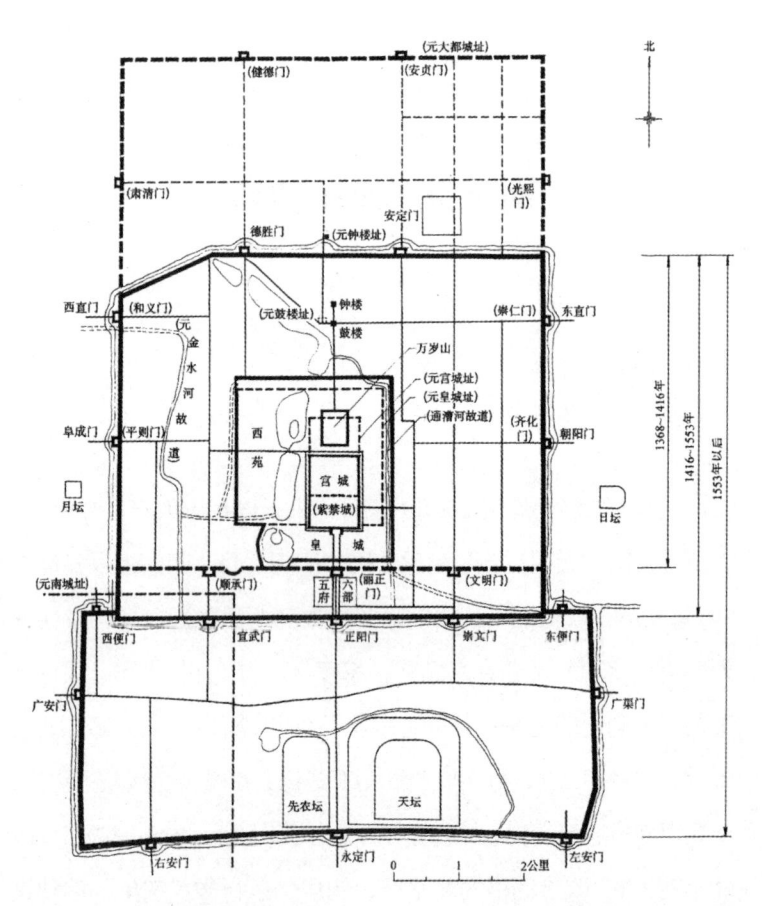

明北京城发展三阶段示意图

熙门。到九月初一（10月12日），"大将军徐达改故元都安贞门为安定门，建（健）德门为德胜门"。（《明太祖实录》卷35）实际上，并不是把旧城门改名，而是给旧城门南边新辟的城门命名。至此，北平的北城垣内收五里，城门由原来的11门变成了9门，是明代北京城垣与城市格局的第一次重大变化。

对于徐达收缩北城、另筑北垣的原因，以往一些著作，如杨宽《中国古代都城制度史》、侯仁之《北京城市历史地理》等认为，此举主要是出于军事防御考虑。元大都北城比较荒凉不便防守，收缩城垣节省守城力量，防止元朝势力反扑。近年来，不少学者认为此举尽管有加强军事防御的考量，但遵从有关都城的古代礼制的需要也是重要原因。李宝臣的《北京城市发展史》（明代卷）、孙冬虎的《北京历史人文地理纲要》、罗保平的《明清北京城》等著作，都表达了类似的观点。李宝臣认为：对大都城垣进行改造，"一方面，出于城防便利，使城区变得紧凑，有必要舍弃北边空疏的城区，这样能降低守卫与管理城市的成本；另一方面，可能是出于传统思维模式，要彻底破坏元朝的王气，使大都无法与金陵相颉颃。"孙冬虎认为："将元大都相对空旷的北部甩到新城之外，就成为遵从古代礼制要求的必然选择，而且是最容易实现的途径，北墙南缩的军事意义则微乎其微。"

在与西城垣相接的地方，新筑的北城垣有一段向西南偏斜，形成了一个斜角。对于斜角的形成，后世有人认为是出于天象八卦需要的设计。按五行之说，西北方属于乾位，有"天门"之称，城墙斜角正好应"天倾西北，地陷东南"的天象，属于"开天门"。在明武宗朝，当时的工部就借此"祖宗旧法"反对在斜角附近修建官署。目前，学界主流的看法是认为"天门"的说法属于后世的附会。学者们认为，这一斜角的形成，是仓促修建的城墙受到高梁河入积水潭河道的影响而形成的折弯，出于施工的现实需要并非事先刻意规划。

由于当时还处于战事之中，徐达改筑北城垣的工程进行得比较匆促。新筑的北城垣不像元大都大城那样在土表下开凿基槽，而是在平地直接夯筑。在城墙墙基定线之内的寺庙、住宅大多没有来得及彻底平毁，整座房屋被挑去屋顶填入夯土从而被埋在城墙之中。后来在拆除明城墙北垣西端斜角的时候，考古工作者在今西直门内后英房胡同一带发现多座元代居住遗址，元代福寿兴元观遗址的夹杆石及殿前的"圣旨白话碑"仍完好地立在原来的地方。

尽管时间匆促，但新筑的北城垣比元大都旧城垣要高大宽阔。据《洪武北平图经志书》记载：北平城垣"创包砖甃，周围四十里"，"其东西南三面各高三丈有余，上阔二丈；北面高四丈有奇，阔五丈。濠池各深阔不等，深至一丈有奇，阔至十八丈有奇"。材料显示，洪武年间（1368—1398），北平的四面城垣已经开始使用砖包砌。

另外。考古人员在城墙的城门两侧以及城角处的城墙夯土中发现，除了横向和纵向放置方格形的木料外，还在上下方格之间加置立柱，也成方格形，筑城垣的技术比元大都旧城垣的又进一步。

永乐迁都

1399年，燕王朱棣在北平起事，发动"靖难之役"。1402年，朱棣在金陵即帝位，改次年年号为永乐。永乐元年（1403），明成祖朱棣下诏改北平为北京，称"行在"，北平府为顺天府，为

明清顺天府政区图

迁都北京开始做准备。

防止塞外的蒙古势力进攻，是明朝初年的重要政治、军事事务，而北平则是最重要的战略要冲。因此，迁都北平的想法，从明太祖朱元璋就有。朱元璋曾问身边群臣："北平建都，可以控制胡虏，而运粮东南，比南京如何？"后因大臣的反对而作罢。直到朱元璋晚年，他仍说："本欲迁都，今朕年老，精力已倦，又天下新定，不欲劳民。"迁都的念头仍然没有打消。明成祖即位后，北部军事压力犹存，加之，北平是自己起事的根据地，又有元代经营的都城做基础，故而朱棣选择迁都北京。

为了迁都北平，永乐帝进行了精心准备。据文献记载，从永乐四年（1406）开始，派遣大臣到湖北、四川等深山采伐大木，疏通运河以便运输建筑材料和粮食，在北京附近烧造砖瓦，从山西等地大量移民到北京等工作一直持续不断。永乐七年（1409），营造山陵于昌平，并将山名封为天寿山。在城垣方面，明成祖登基后，对北京的城垣进行了数次修缮。永乐四年（1406），连绵的阴雨毁坏了北京城墙五千三百二十丈，天棚、门楼、铺台等损坏11处。事情报到朝廷，诏令发军民修筑。永乐七年（1409），修北京安定门城池。永乐十三年（1415），对北京城垣进行整修。

经过10年的准备，永乐十四年（1416），明成祖朱棣下诏让文武群臣集议营建北京之事。大多数文武群臣迎合了朱棣的想法，要求大规模兴建北京。永乐十五年（1417），明成祖命泰宁侯陈珪负责营建北京，由工部尚书吴中负责具体设计，于是兴建工程开始全面展开。为了安排皇城以南的千步廊以及两侧的官署衙门，永乐十七年（1419）十一月，将北京南城垣向南迁移了两里。这是继洪武元年（1368）北城垣收缩五里以后，北京城城垣与城市格局的第二次变化，从此北京内城的轮廓固定下来，直到近代。永乐十八年（1420），明廷遣营缮司郎中蔡信为工部右侍郎，对东、西、南三面城垣进行加修。此次加修，东西城垣是在元代旧土城的基础上，用元代小砖包砌外壁，城垣内壁仍为土城。

在营建北京工程中，明朝著名木匠蒯祥、瓦工杨青、石工陆祥、交趾（今越南）人阮安等做出了重大贡献。蒯祥（1398—1481），字廷瑞，出生于江苏苏州吴县香山（今胥口镇）。蒯祥的祖父蒯思明、父亲蒯福都是著名木匠，其父曾参加过洪武年间南京宫城的建筑营造。永乐十五年（1417），蒯祥随父亲应诏参与营建北京城。因技艺出众，不久便接替其父"营缮所丞"之职，最终官至工部左侍郎。据记载，蒯祥能用左右手各握笔同时画龙，画好后合二为一，一模一样，可见技艺之炉火纯青。他在北

蒯祥像

京先后主持奉天殿、华盖殿、谨身殿、乾清宫、南宫、西苑、承天门及五府六部、文武衙署、景陵、裕陵等的营造工程。他在营建宫殿楼阁之时，只需略加计算，便能画出设计图来，待施工完毕不失毫厘。蒯祥既善设计，又长施工，明宪宗朱见深称赞他为"蒯鲁班"。《明宪宗实录》载，"凡百营造，祥无不与"。

明紫禁城图（局部）（图中红衣官员即是蒯祥）

相比蒯祥在宫殿园

囿、门阙山陵等方面的成就杰出，阮安在城池设计营造方面的功劳也非同小可。阮安，名阿留，明朝宦官，永乐年间入宫。《明史》记载，阮安"有巧思，奉成祖命营北京城池宫殿及百司府廨，目量意营，悉中规制，工部奉行而已。正统时，重建三殿，治杨村河，并有功"。明人叶盛著《水东日记》亦载：太监阮安，"为人清苦介洁，善谋划，尤长于工作之事。其修营北京城池、九门、两宫三殿、五府六部、诸司公宇及治塞杨村驿诸河，皆大著劳绩"。他参与了永乐朝北京城墙的兴建，还负责明英宗正统年间对京师城垣及九门的营建工作，对北京城墙与城门形制的确定，发挥了重大作用。

永乐十八年（1420），北京的宫殿城池基本告成。新建的北京城，"凡郊庙、社稷、坛场、宫殿、门阙，规制悉如南京，而高敞壮丽过之"。（《明成祖实录》）随即，明成祖诏告天下迁都北京。次年正月初一，明成祖在北京奉天殿接受文武百官朝贺，迁都北京完成。

正统年间营缮京师

永乐迁都之时，北京城垣虽有所修葺，但并没有彻底完备。明朝杨士奇《都城览胜》诗后云，明成祖"肇建北京，既立郊庙宫殿，将及城池，会有事未暇及也。已而国家屡有事，久未暇及"。永乐十九年（1421）四月，宫城奉天、华盖、谨身三大殿遭遇火灾，被全部烧毁。永乐帝下诏罪己，修缮城池的工作被迫中止。加之，永乐年间连续对蒙古用兵，财力不继，不再有经营北京城池之举。

明仁宗、明宣宗两朝则试图要还都南京，诏令以南京为京师，改北京为行在，故而对营建城池之事不是十分重视。仁、宣两朝10年间，只是在城垣出现问题的时候，才进行简单维护。如宣德八年（1433），修安定、德胜、西直等门楼及铺屋。

继明成祖营建北京以后，明英宗正统年间又一次对北京城开展了大规模的营建修缮活动。此次工程重点是整治内城九门、城池等。据《明英宗实录》记载，正统元年（1436），鉴于"京师因元旧，永乐中虽略加修葺，然月城楼铺之制多未备"，"命太监阮安、都督同知沈清、少保工部尚书吴中，率军夫数万人，修筑京师九门城楼"。

明英宗像

在营建九门的工程中，阮安采用的是依次修建的方式，施工人员主要取自在京师训练的军卒，将其中的1万多人操练停止，每人只增加月粮一斗、盐一斤。建筑费用和材料不再另外金派，官府积存的永乐时营建北京剩余的大量建筑材料均发挥了作用。尽管工程总量巨大，但节省的人力物力仍相当可观。其间，京师九门中部分城门的名称也进行了改动。洪武年间的安定门、德胜门、东直门（崇仁门改）、西直门（和义门改）等名称继续沿用。

改丽正门为正阳门，文明门为崇文门，顺承门为宣武门，齐化门为朝阳门，平则门为阜成门。正统四年（1439）四月，营建九门城池宣告完工。整个工程包括门楼、城壕、桥闸三部分，具体为：正阳门城楼一座，瓮城箭楼及左右月楼各一座，崇文、宣武、朝阳、阜成、东直、西直、安定、德胜八门各正楼一座，箭楼一座。各个城门之外，均建有牌楼。城墙四角，各立角楼一座。护城壕的整治包括河道疏浚，河岸的修整、砌筑。另外，九门外原来的木桥，全部改为石桥，并且全部设置了水闸，以防洪水对城墙的冲击。经过营建修缮，不仅加强了京师的防卫，也增加了城市的观瞻。时人记述道："正统四年，重作北京城之九门成，崇台杰宇，尚巍弘壮。环城之池，既浚既筑，堤坚水深，澄洁如镜，焕然一新。"

此后，北京城的城垣也得到修葺与加固。由于永乐年间修缮的城墙外侧以元代小砖包砌，内侧仍然为夯土墙，遇到雨水侵袭仍然不免损坏。正统十年（1445），令太监阮安、成国公朱勇等人督工修鏊城墙。此次修缮城墙，不仅将内侧城墙用明代大城砖包砌，在已有砖包的外侧，又增加了一层大砖。至此，起于洪武元年（1368）的城墙改建、整修，一共历时78年，北京内城城墙的建制才走向完备。此后，直到城墙被拆除之前，500余年间虽有修补，但内城城垣的整体格局没有发生变动。

嘉靖年间修筑外城

明英宗正统十四年（1449），蒙古瓦剌部首领也先率兵南下，

土木堡遗址

明英宗在太监王振的鼓动下亲征，结果在怀来土木堡被俘虏，史称"土木之变"，因该年为己巳年，又称"己巳之变"。土木之变以后，瓦剌兵临北京城下。于谦等人坚决抵抗，凭借北京城的城高池深，最终败退也先。新修的城池经受住了战争的考验，但城外居民无处可以避险逃生的问题也开始彰显。

土木之变以后，陆续有人建议效仿南京修筑外罗城。明初兴建南京时，在都城宫殿城垣竣工后，又依山走岗修建外郭土城180里，开16门。而当时的北京包含宫城、皇城在内，只有三重城墙，缺少外郭城。因此，明宪宗成化十年（1474），定西侯蒋琬上书建言："太祖肇建南京，京城外复筑土城以卫居民，诚万世之业。今北京但有内城。己巳之变，敌骑长驱直薄城下，可以为鉴。今西北隅故址犹存，亟行劝募之令，济以工罚，成功不难。"

他希望利用前朝遗留的城垣，像南京那样，在北京城外再加一层城垣，以增强军事防御。但是，建议并没有得到采用。

到了明世宗嘉靖年间，蒙古鞑靼部俺答汗为了逼迫明朝"通贡""互市"，不断出兵南下袭扰，兵锋渐指北京。军事形势日益紧迫，加之此时四城外尤其是正阳、崇文、宣武三门外关厢地区商业发达、人口众多，急需保护。嘉靖二十一年（1542），都察院御史毛伯温等上奏，除了重述以往蒋琬等人主张外，还特别强调，"今城外之民殆倍城中，思患预防，岂容或缓"。嘉靖帝批准了奏折，但很快又以军情紧急、太庙工程、官民财竭等原因暂缓执行。

正当明朝政府修筑外城举棋不定、不断拖延之时，嘉靖二十九年（1550）八月，岁在庚戌，俺答汗的蒙古军队兵临北京城下，在城外及京畿地区任意掠夺，史称"庚戌之变"。在俺答汗退兵之后，明朝政府终于下决心修建外城。同年八月，大学士严嵩上疏《请乞修筑南关围墙》。十二月，朝廷不顾天寒地冻，开始筑正阳、崇文、宣武三关厢外城，但次年二月因财政匮竭而停工。

嘉靖三十二年（1553），朝廷再议修筑外城之事。

严嵩像

兵部给事中朱伯辰向朝廷提出自己的建议,他主张在原来金、元旧城的基础上修建外城。"旅行四郊,咸有土城故址,环绕如规,可百二十里。若仍其旧贯,增卑培薄,补缺续断,即可使事半而功倍矣"。他的奏折经过兵、户、工三部部议,一致同意修筑外城。其间,嘉靖帝与严嵩经过商议,最终决定修筑外城。

嘉靖三十二年闰三月,嘉靖帝遂命兵部尚书聂豹、锦衣卫都督陆炳及总督京营戎政平江伯陈珪等人,"相度地势",对修建外城进行规划。很快,聂豹等人将筑城方案上报,其中包括城垣制度、合用军夫匠役、钱粮器具、兴工日期以及提督工程巡视分理各官等内容,并附上外城规制图画贴说。计划新修筑的外城周长七十里,其中可因故址者二十二里,新筑四十八里。外城城垣规制为夯土城,高一丈八尺,上用砖为腰墙,加垛口五尺。计划开门11座,9座为内城九门外大街直对,保留金中都西墙北端的彰义门,在东垣增开大通桥门。方案很快得到批准,并迅速在闰三月十九日开工。

开工后不久,嘉靖帝将计划中的土城改成了砖城,这样工程量及工程费用大大增加。正在开工的正南一面,地质松软又多流沙,地基需要往下挖2~3米不等,工程费用大大增加。因此,经过严嵩与聂豹、陆炳、陈珪等商议,决定先修正南一面外城,"将见筑正南一面墙基,东折转北,接城东南角;西折转北,接城西南角",南城垣计划的二十里也缩短为十三里。调整的方案得到嘉靖帝的批准。于是,经过半年多的施工,嘉靖三十二年(1553)十月二十八日,外城修建工作就完工了。嘉靖四十二年(1563),

又增建外城各城门的瓮城。绕外城周又挖掘护城河，从西便门外分内城护城河水，绕外城后入通惠河。

此次增筑外城，是明代城墙与城市格局的第三次重要变迁，也是古代北京城市轮廓的最后定型。外城工程完成以后，使北京城的平面图形成了独特的"凸"字形。这种城市平面构图，一直沿用至近代，直到城墙被拆除为止。

明朝北京城沿用了元大都的中轴线，嘉靖年间修筑外城，也使北京城中轴线的南端向南延伸，南端起点由正阳门变为永定门。其北端终点也变为钟楼，而非元代的中心台。这条中轴线全长7.8公里，依次经过永定门、正阳门、大明门、承天门、端门、午门、玄武门、北安门等城门，贯穿外城、内城、皇城、宫城。这条中轴线奠定了北京城市结构的骨架和肌理，显示了城市发展的脉络，是北京城市发展的生命线和人文线。对此，梁思成曾撰文进行赞美"一根长达八公里，全世界最长，也最伟大的南北中轴线穿过全城。北京独有的壮美秩序就由这条中轴线的建立而产生；前后起伏、左右对称的形体或空间的分配都是以这条中轴的建立而产生；气派之雄伟，就在这个南北延伸、一贯到底的规模"。

清朝前期的北京城

1644年，清军入关后，以多尔衮为首的统治集团为了"宅中图治"，决定迁都北京。1644年旧历九月十九日，多尔衮携顺治帝福临到达北京。十月初一，福临亲临南郊举行安鼎登基礼，宣布"定鼎燕京","告天即位,仍用大清国号,顺治纪元"。(《清世祖实录》)这样,中国帝王专制时代的最后一个王朝——清朝的中央政权就在北京建立了。清朝仍依旧明朝称谓,称北京为京师,置顺天府。

清军进入北京的第二天,清朝统治者随即颁布迁汉令。多尔衮就下令居住北京内城的汉族居民三天内一律迁往外城(南城),而内城专供贵族和兵丁居住。在内城,清朝将八旗分驻不同区域。《八旗通志》称:"以五行相胜为用,两黄旗位正北,取土胜水;两白旗位正东,取金胜木;两红旗位正西,取火胜金;两蓝旗位正南,取水胜火。"根据这一原则,内城八旗驻地分别如下:正黄旗居德胜门内,镶黄旗居安定门内;正白旗居东直门内,镶白旗居朝阳门内;正红旗居西直门内,镶红旗居阜成门内;正蓝旗

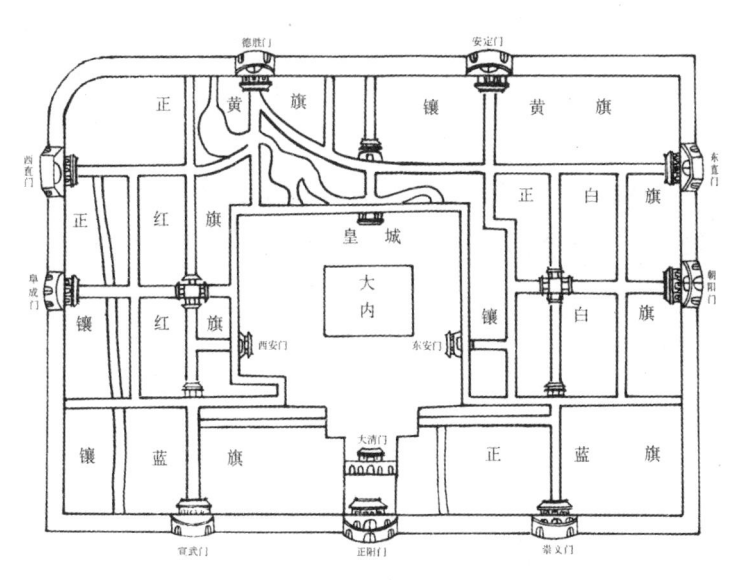

北京内城八旗驻防图

居崇文门内，镶蓝旗居宣武门内。这样，除正阳门外，八旗军队实现了全城驻军。各旗在城门之外设总教场、演武厅，以便练习骑射。在各个城门内建有八旗都统衙门、护军统领衙门等办公机构，并有大量营房供八旗兵丁居住。

在北京的内外城方面，清朝仍然沿袭了明朝的格局，除了进行了几次大规模修缮外，没有重大的改动。除了广宁门后来改成广安门外，其余城门的名称均沿用了明朝的名称。1920年，瑞典学者喜仁龙在《北京的城墙和城门》一书中，对自己踏查的北京内城城墙进行了统计，他总计踏查26265米的城墙中，已知为明代所修的是6965米，清前期所修为6076米，近代所修为953米。清朝还多次对内外城城门进行修缮，其中修缮次数最多的是乾隆朝。据史料记载，乾隆年间曾先后修葺永定门、广宁门、崇文门、安定门、西直门、东直门等城门门楼，还有正阳门箭楼、西北角楼等。目前，北京保留下来的城门皆为清代所修缮，带有明显的清代建筑风格。

在皇城和宫城方面，除了少数名称以及局部变动外，基本上也承袭了明朝制度。由于李自成大顺军退出北京时放火焚烧宫室，皇城、宫城内的不少重要建筑均受到比较严重的破坏。顺治、康熙两朝，陆续对宫城、皇城的宫殿城门等进行了复建。宫城的午门，皇城的南北两门、端门等均得到修复，一些城门的规格甚至比明朝还有所提高。例如明皇城南门承天门原为面阔五间的城楼，顺治八年（1651）重建时改为面阔九间、进深五间。

此外，皇城宫城的宫殿、城门的名称，随着改朝换代及避讳等原因发生了不少变化。如千步廊前的大明门改大清门，承天门改天安门，皇城北门北安门改地安门，宫城北门玄武门改神武门等。皇城改动最大的是，乾隆十九年（1754）扩建天安门前宫廷广场，在东西长安门外增筑围墙，各设三座门。

北京外城

外城城垣

明清北京城的外城为扁方形，东西城垣之间的距离是南北间距的两倍有余，周长14.41公里，占地面积约24平方公里。外城城垣的布局，也是根据北京南北中轴线，采用对称手法设计。其南城垣稍内凹，东城垣在南段稍微外凸，西垣略直，形似内城之冠帽，故而俗称"帽子城"。对于东城垣南段稍微外凸，有人认为是"地陷东南"的天象显示，与内城西北城角斜角的"天塌西北"相呼应。实际上，这同样也是出自后人的附会。外城东城垣稍凸，并不是事先有意规划，而是为了避让城内水洼，便于施工。

外城城垣位置在今北京西城区、东城区的南部，在今二环路的南半部的内侧。今东、西、南护城河虽有河道改造，但大体仍是当年城壕的延续。外城南垣的修筑并没有如同起初大臣奏疏建

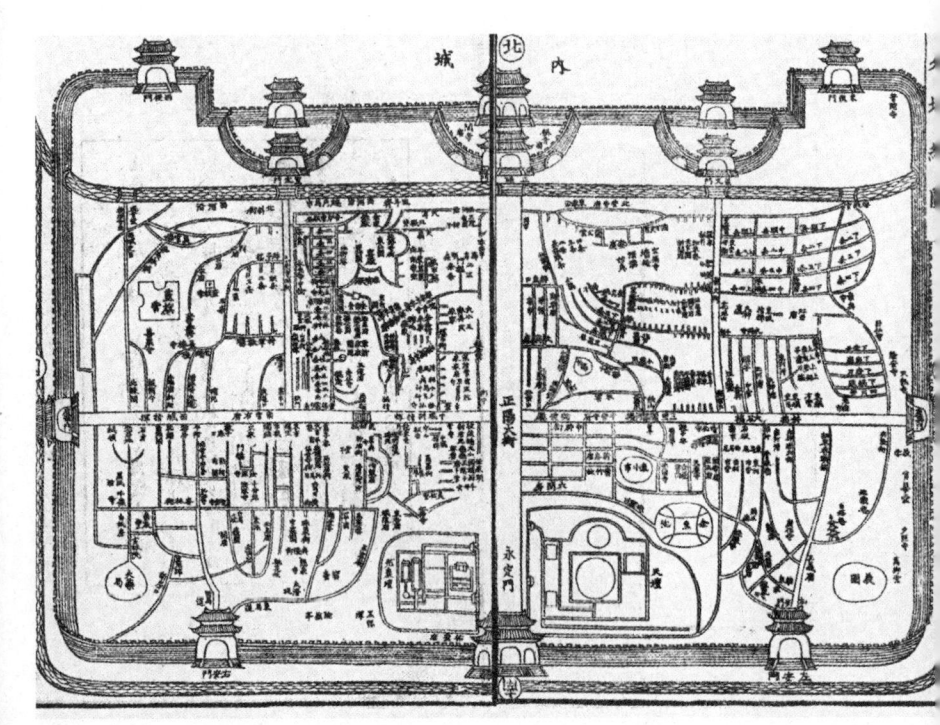

《唐土名胜图会》北京外城总图

议的那样，利用原金中都城南垣的旧墙基，而是在其北大约1公里左右的东西一线修筑。据《明会典》记载，外城城垣周长约28里，南面二千四百五十四丈四尺七寸，东面一千八十五丈一尺，西面一千九十三丈二尺。城墙高二丈，基厚二丈，顶收一丈四尺。共修有墩台64座，上筑铺舍43所，墙顶外侧建雉堞9487垛，雉堞四尺。

北京外城城垣统计

外城城垣	长（米）	外侧高（米）	内侧高（米）	基厚（米）	顶宽（米）	墩台（个）	水窦（个）
南城垣	7854.2	6.18	5.62	11.8	9.9	30	1
东城垣	2800	7.15	5.8	13.3	10.4	14	
西城垣	2750	7.68	6.4	7.8	4.48	13	
东部北垣	510	7.15	5.8	13.3	10.4	3	2
西部北垣	495	7.15	6	15	11	3	1

（数字来源：张先得《明清北京城垣和城门》）

表中的城墙高度包括外侧的雉堞高约1.7米，内侧的女墙高约1米，可以说明外城城垣的规制比内城城垣要小。比较两者数据也说明，外城城垣的实际情况与当时资料所记基本相当，其间经过明清两代的多次修缮，城墙的总体规制仍基本保留原有情形。同时也说明，在当时的兴建及日后的维护过程中，城垣的实际长度、高度和墙基宽度都不统一，大多根据实际情形有所调整，与原定计划存在些微差别。

外城城垣的内芯为黄土夯筑，夯层厚约20厘米，夯窝直径约18厘米。夯筑方法为每隔四五层黄土，加夯一层土与碎砖瓦的混合土，厚约10厘米。外城城垣的地基因地势及土质等原因深浅不同，深者可达2.5米，浅者仅有1米。外城城垣的内外壁外皮均用砖包，以白灰浆砌筑，城砖之下垫有2~3层衬基大条石。有的地段因遇流沙层，土质松软，在基石下又埋设多层大原木，横竖交叉排列，横木和纵木之间都用大扒钉钉住，连成一个牢固的整体，总高度可达3米多。

广安门附近的外城西城垣

经过喜仁龙以及后来的考古工作者调查，民国时期北京的城垣外壁包砖厚近1米，除嘉靖年间的城砖外，还有崇祯年间的城砖，但数量最多的还是清乾隆、嘉庆年间烧制的大城砖；城垣内壁的包砖厚度约70厘米，多为明嘉靖、万历年间烧制的小城砖。城墙的顶部为厚20厘米左右的三合土夯层，夯层上用一层大城砖海墁。外城的墩台尺寸略小于内城墩台，上顶长约10米，宽约12米，台底部宽约10米，长约15米。墩台上建有供守城士兵休息及存放军械器具的铺舍，大多为硬山式屋顶。

有关北京外城垣，也存在一些需要进一步研究的问题。例如，嘉靖年间开始兴筑的外城城垣起初有无全部砖包的问题，目前还没有定论。相关史料显示，外城城垣起初的决定下层为土城，用砖包砌腰墙，后嘉靖帝要求改为全部砖包。喜仁龙在其《北京的城墙和城门》中记录,在北京城外城城垣上发现大量嘉靖三十二年(1553)之前的城砖,也有嘉靖三十四年(1555)及嘉靖三十六年(1557)的,起码可以说明,城墙包砖是从嘉靖年间修外城就已开始。外城放弃其他三面城垣的修建,工程总量缩减大半,应该在质量上有所提高,全部砖包的可能性也是有的。但也有人对此提出质疑。李宝臣在《北京城市发展史》(明代卷)中认为,"从外城建成之后,频繁修理上看,当时并没有全部砖包,否则全部砖包墙体,不会那么不坚固……不至于经年频修。外城筑就仅用七个月。这样短的时间,全部砖包的可能性不大,主要是完成版筑工程量,使城垣隆起围合,七门、月城、门楼等都未建"。这种怀疑有一定的道理,实际情况如何,尚待进一步考证。

进入近代以后,由于年久失修、筑路等原因,外城城垣逐渐坍圮、改建、拆除,到20世纪50年代,明清外城城垣被完全拆除,至今已无当年城垣遗存得以保存。目前,有专家学者呼吁,选择具备恢复条件的外城城垣旧址,部分恢复外城城垣。

外城的城门

明清北京外城共设七门,其中五门的名称为嘉靖帝所命名。《明世宗实录》称,"新筑京师外城成。上命正阳门外名永定,崇文门外名左安,宣武门外名右安,大通桥门名广渠,彰义街门名广宁"。南面三门,正中为永定门,其东侧近东端设左安门,其西侧中部稍偏西设右安门。东城垣中部偏北设广渠门，西城垣中部偏北设广宁门，两座城门东西遥遥相对。在东北隅和西北隅的"凸"字两肩处，分别设东便门与西便门。外城城门的命名，以期盼安定、宁和为主旨，与修筑外城时北京面临的战争威胁密切相关。经过明清两代建设，外城七门城墩之上皆建有城楼，设有瓮城、箭楼，外城四角建有角楼，在与内城相接的两处还各建碉楼一座。

永定门是外城的正门，也是北京城中轴线的起点，故而在外城各门中规制最高，是唯一与内城城门接近的外城城门。永定门在嘉靖三十二年（1553）始修，后来又增筑了瓮城。嘉靖年间的永定门城楼为灰筒瓦重檐歇山顶，饰灰瓦脊兽，面阔带廊五间；

永定门全景

1693年《康熙南巡图》中的永定门城楼（局部）

瓮城为圆弧形，在对城门处辟券门，券门之上未设箭楼。这种形制一直延续到乾隆十五年（1750）以前。从康熙三十二年（1693）创作的《康熙南巡图》第一卷以及乾隆十五年（1750）所绘的《乾隆京城全图》观察，都可以看到当时的永定门城楼为上述形式。乾隆十五年（1750）后，永定门及外城各门的瓮城城台上均加筑了箭楼。

乾隆三十二年（1767），乾隆帝诏令改建永定门城楼，提高永定门城楼的规制。此次改建，箭楼未作改动，故两者的比例差距较大，不是十分协调。改建后的永定门，楼台基宽28.3米，深13.7米，高7.8米，下辟券门，门洞宽、高各5.2米，城台内侧筑马道一对。瓮城改建后呈方形，北端连接外城垣处为直角，两外角为圆弧形，东西宽42米，南北长36米，瓮城高6.18米，墙顶宽 6 米。外侧雉堞高 1.3 米，宽 1.2 米，厚 0.5 米，内侧女墙高 1.2 米，厚 0.75 米。城楼为灰筒瓦绿剪边饰脊兽、重檐歇山三滴水楼阁式建筑。面阔连廊七间，通宽 24 米；进深三间，通进深 10.8 米；城楼连城台通高 26 米。箭楼台基凸出瓮城前缘 3.2 米，城台底宽 19.5 米，台深 9.7 米，顶宽 17.6 米，台高 7.85 米，正中辟券门高、宽各 5.2 米。箭楼为灰筒瓦绿剪边单檐歇山顶，饰灰瓦脊兽，檐下额枋上施小型斗拱。面阔三间，宽 12.8 米，进深一间 6.7 米，楼高 8 米，连城台通高 15.85 米。南、东、西三面各辟箭窗二层，南面每层 7 孔，东西每层 3 孔，共计 26 孔。北侧楼门为过木式方门，门高 3.7 米，宽 2.6 米。瓮城前设有吊桥，为单孔石桥，呈"][" 状，桥栏杆高 1.2 米，宽约 9 米，长约 18 米，下设水闸。

永定门外大街路西，有"燕墩"砖台，上竖乾隆帝撰写的《御制皇都篇》和《御制帝都篇》满汉文字石幢，为昔日燕京小八景之"永定石幢"。1949 年北平和平解放，中国人民解放军入城式的行进路线，也是从永定门入城，一路向北到正阳门箭楼前接受检阅。1951 年，永定门瓮城被拆除，1957 年，永定门城楼和箭楼被拆除。

2001 年，经北京市委和市政府批准，永定门城楼开始重建。新建的永定门城楼在原址正北 40 米处，按原貌复建，2004 年动工，2005 年完工。其间，明代嘉靖年间的永定门城门匾额及原永定门 4000 余块城砖被发现，为永定门城楼的复建提供了不少帮助。不仅如此，一些专家和部门还主张将永定门瓮城及箭楼复

复建的永定门城楼

建。以复建的永定门城楼及永定门文化为核心，占地6.7万平方米的永定门公园也宣告落成。

　　左安门，又名礓磜门、江磜门，因其箭楼外侧门洞内有石砌礓磜而得名，旧址位于今左安门内大街南口正中。左安门嘉靖年间始建，万历三十三年（1605）、崇祯七年（1634）、乾隆十五年（1750）、乾隆三十一年（1766）等多次修缮、

左安门箭楼侧景

增筑。城楼为灰筒瓦绿剪边单檐歇山式，饰灰瓦脊兽，面阔三间带廊，通宽22米，进深一间，连廊通进深9米，城楼连城台通高15米。城楼所在城台宽22米，高8.5米，下辟券门，高6.5米，宽5.8米，城台内侧筑马道一对。左安门的瓮城与安定门的形制大体相当，只是长、宽等略有差别。左安门瓮城东西宽39米，南北长23米，较安定门瓮城略小，呈扁方状。左安门的箭楼形制亦与安定门一致，同为南、东、西三面各辟箭窗二层，南面每层7孔，东西每层3孔，共计26孔，只是个别尺寸有所差别。左安门城楼及箭楼在民国初年就已十分破败，20世纪30年代被拆除，余下的瓮城及城台、券门等也于1953年拆除。左安门附属建筑如今尚存当年城门守军驻守、居住的值房，位于左安门桥东北侧，为各城门所仅存。近年给予整修保护，其建筑面阔五间，进深一间，前出廊，筒板瓦过垄脊屋面，建筑面积148.35平方米。

左安门外有清代肃武亲王墓地，墓地有6棵松树，荫蔽数亩，因以红柱支撑松树，故称"架松"。"东安架松"属燕京小八景之一，今劲松小区的得名即因其在架松故地。

右安门，又名西南门，原址位于今右安门内大街南口正中，是左安门的姊

右安门城楼

妹门。右安门的城楼、瓮城、箭楼的形制、修改建的过程均与左安门相同。但门楼尺寸有所不同，其瓮城相比则短小不少。右安门瓮城东西宽仅23米，南北长29米。右安门曾于清末进行过修葺，到中华人民共和国成立后仍比较完整。1953年，箭楼及瓮城被拆除，1958年城楼亦被拆除。右安门外地近丰台花乡，郊区花农在城外种植了大量鲜花，"右安花畦"遂成该处著名景致。

广渠门，因面向运输漕粮的通惠河而得名，俗称"沙窝门"。城门旧址位于今广渠门内大街东口立交桥西。广渠门始建于嘉靖年间，崇祯年间及乾隆年间曾加以修缮与增筑，规制与左安门略同。城楼连城台通高15.7米，灰筒瓦绿剪边单檐歇山顶，饰灰瓦脊兽，面阔三间，连廊通宽19.5米，进深一间，连廊10.3米，四面各开过木方门。城台宽约24米，高9米，下辟券门高6.8米，宽5.9米，城内侧筑马道一对。瓮城及箭楼规制亦如其他城门，瓮城南北宽39.5米，东西长24米。城楼、箭楼于20世纪30年代拆除，1955年在瓮城北侧开豁口连通广渠门内、外大街。1964年，瓮城及残存台基被拆除。

广渠门全景

广渠门是经大运河到北京的官员商旅进入北京的常用通道，由此入外城，再入崇文门则

袁崇焕像

进入内城。在明崇祯二年（1629），同样岁在己巳，后金军队在皇太极的率领下进攻北京。袁崇焕率领关宁铁骑星夜驰援，在广渠门外与后金军血战。在战斗中，袁崇焕身先士卒，身中数箭，"两肋如猬，赖有重甲不透"，最终击退了后金军队。数百年后，1900年八国联军进犯北京，英国军队也是从广渠门攻入北京外城的。在景致方面，"沙窝黄（皇）木"为广渠门著名景观。明《春明梦余录》载："京师神木厂所积大木，皆永乐时物。其中最巨者曰樟扁头，围两丈外，卧四丈余，骑而过其下，高可隐身。岁久风雨淋漓，已渐朽矣。"修皇宫的时候没有动用，就放在广渠门外，就是用栏杆围护。"沙窝黄（皇）木"，就指的是这块木头。清时乾隆帝曾作《神木谣》立碑以纪念。

广安门，初名广宁门，因地近金中都西垣北侧的彰义门，故而俗称"彰义门"，旧址位于今广安门北顺城街与广安门内大街西口交会处。清朝末年至民国年间，语义相同的"广安门"与"广宁门"开始混用，并逐渐取代了广宁门。广安门取代广宁门，坊间多以为避清道光帝旻宁的讳而改。尹钧科、孙冬虎在《北京地名研究》中通过《清实录》等多种文献资料考证，这个约定俗成的渐变过程与避讳无关，所谓广宁门因避讳而改名，"是想当然的向壁虚构"。

广安门从初建到乾隆十五年（1750）改建瓮城的时候，与广渠门形制相同。乾隆三十一年（1766），因广宁门是京城与南方陆路往来的重要门户，故提高了城门规制，而瓮城、箭楼则未加改建，与广渠门等形制相同。广安门城楼台基宽24米，顶宽22.8米，顶深15米，城

广安门城楼

台高8.4米，下辟券门，券门外侧高5.4米，内侧高6米，宽5米，城台内侧筑登城马道一对。城楼为灰筒瓦绿剪边饰脊兽、重檐歇山三滴水楼阁式建筑。面阔三间，两侧有廊，廊宽近2.5米，通宽18米；进深一间，通进深11米；楼高17.6米，城楼连城台通高26米。瓮城南北宽39米，东西长34米，墙基厚7米，顶宽6米。与永定门城楼相比，广安门在高度上与其近似，但进深远远不及，故内部显得比较拥挤。1955年至1957年，广安门被完全拆除。

广安门为卢沟桥官道入京的便捷通道，门外修建有石板官道。乾隆年间，平定大小金川后，在大井村的官道上建立"荡平归极"

砖石琉璃牌坊，并勒石树碑以示庆祝。历史上李自成进攻北京、1928年国民革命军二次北伐、1937年日本侵略军侵占北平，均曾由此门进入北京。广安门城楼上旧有一石雕，呈三人背面形状，形式皆为蒙古装束，刻工细巧，相传出于金人所镌，"彰义金人"则成为广安门一景。广安门内商业繁荣，旧时曾有"一进彰义门，银子碰到人"的说法。

东便门，位于北京城平面"凸"字形的左肩部，原址在今东便门桥北、通惠河南岸。始建于嘉靖三十二年（1553），当时未见命名记载，可能是制度湫隘非宏伟壮观之门，故而未由皇帝亲自命名。至嘉靖四十三年（1564）为外城七门添建瓮城时，才开始有东便门、西便门的名称。东便门的城台呈梯形，外侧城台底宽13.5米，内侧城台底宽10.3米，深12.75米，高5.6米。城台开过木方门，门高3米，宽3.8米。城内设马道一条，宽仅3米。城楼为单层单檐歇山小式，灰筒瓦顶，饰灰瓦脊兽，四面开过木方门，无窗；面阔三间宽11.2米，进深一间，深5.5米，高5.2米，楼连城台通高12.2米。瓮城形制与其他城门基本相同，但尺

东便门外

度差距较大。瓮城东西宽27.5米，南北长15.5米。东便门箭楼为单层单檐硬山小式，灰筒瓦顶，饰灰瓦脊兽，面阔三间，宽9米，进深一间，深4.6米，楼高4.7米，楼连城台通高10.5米。箭楼南背面辟过木方门，东西北三面辟箭窗，每面各二层，北面每层4孔，东西面每层2孔，共计16孔。其城台正中辟门，外侧（北半侧）为拱券顶，高5.8米，宽5米，内侧（南半侧）为过木方门，高4.5米，宽4.5米。东便门箭楼因年久失修，20世纪30年代拆除，1952年因修路拆毁瓮城及箭楼城台，1958年建北京火车站时将城楼拆除。

东便门外的护城河桥为大通桥，是北京护城河与通惠河的分野，也是大运河的终点，各种货物均在此处转运到城里。距大通桥七里左右，有二闸（庆丰闸），有著名景观"东便游船"。晚清民国时期，是供老北京人踏青郊游的著名游览胜地。

西便门，位于北京城平面"凸"字形的右肩中部，旧址在今西便门内大街北口处。西便门与东便门的始建年代相同，基本规制也接近。城楼台底宽12.8米，顶宽12.1米，深11.1米，高6米。城台内侧筑马道一条。城台开过木方门，门高5.5米，宽5米。城楼样式尺寸与东便门完全一致，只是楼连城台通高略低为11.2米。瓮城、箭楼的形制与东便门基本相同，但瓮城的周长小。西便门瓮城东西宽30米，南北长仅7.5米。西便门城楼、瓮城、箭楼于1952年全部拆除。

西便门的著名景观是"西便群羊"，在西便门护城河坡青草密集，其间散落大大小小数十块汉白玉石料，隐没荒草之中，远

西便门内的街道

望恰似雪白的羊群在草中觅食。

外城四角均有角楼。角楼始建于嘉靖三十二年（1553），以后明清两代均有修葺。角楼的形制为箭楼，灰筒瓦单檐歇山十字形屋脊建筑，檐脊均用灰瓦件，十字脊正中置圆形灰瓦宝顶。角楼连城台通高15米，面阔、进深均为一间，各6米；对外两侧辟箭窗，箭窗两层，每层3孔，共计12孔；内侧则辟一过木窄长方门。角楼城台内侧筑马道一条。

外城东南角楼旧址位于今左安门内大街南口迤东150米处，于20世纪30年代倾圮，其城台也于1951年拆除。外城东北角楼旧址位于今东便门桥东南，护城河南岸。1900年曾被八国联军炮火击毁，后修复。1915年修筑环城铁路时，因安全问题将角楼拆除，20世纪30年代修建铁路复线的时候又将城台拆除。外城西南角楼旧址位于今右安门西城根西口与广安门南顺城街南口处。1921年时已经严重损坏，30年代拆除。所余城台1953年拆除。外城西北角楼旧址位于今广安门北滨河路北头偏东处，1957年整体拆除。

2012年，北京市文物局着手对外城东南角楼进行了复建。由于护城河河道有所变动，原角楼城台部分已被河道所占，新的角楼后移了10米左右施工。2014年，按照原本规制，外城东南角楼复建完工。

外城西南角楼

除了上述城门与城楼外，外城与内城相接之处还各建有一座碉楼。碉楼高于内城垣2.5米，高于外城垣约4米，顶为歇山小式，三面辟箭窗，一面6孔，一面为4孔，靠内城垣一侧开有小门，有磴道与内外城相通，门上开两箭窗，合计箭窗12孔。碉楼的

西便门碉楼

建造时间较晚，应在乾隆十五年（1750）后或更晚。到 1920 年，东边的碉楼均已严重残损痕迹不清。西边的碉楼也于 20 世纪 30 年代坍圮，仅存遗迹。

北京内城

内城城垣

北京的内城城垣经过明朝洪武、永乐、正统三朝的营建最终定型，是北京城内最显著的建筑，给人以强烈的震撼。瑞典学者喜仁龙在《北京的城墙和城门》中写道："北京内城城墙可能是北京城内规模最大的建筑，虽然有其他规模较大的建筑，但是与之相比，还是显小。北京城城墙的外观虽不如故宫、寺庙及前面提到的牌楼那样好看，但是，当人们逐渐习惯它之后，就会对城墙的那种曲折蜿蜒和厚重的历史产生一种感人的情愫，有感于其睥睨四野、俯瞰众生的气势。"

北京内城城垣的长度，各种史料记载不尽相同。一说为四十五里。《明史·地理志》记载，"京城周四十五里"。另一说，为四十里。乾隆朝《钦定大清会典则例》记载，"永乐十五年，营建北京宫殿，十五年拓其城之南面，共周围四十里"。并具体说明了各面城垣的长度"南面广二千二百九十五丈九尺三寸，北二千二百三十二丈四尺五寸，东长一千七百八十六丈九尺三寸，西一千五百六十四丈五尺二寸"。如果1明尺按照0.32米计算，那么南垣约长7347米，北垣约长7144米，东垣约长5718米，西垣约长5006米，总计约25215米，显然多于"四十里"，也超过了"四十五里"。可见，史料的说法均为约数。今人的说法也各异，莫衷一是。喜仁龙的《北京的城墙和城门》中，记录了民国时期的实测数据为，内城南城垣6690米，北城垣6790米，东城垣5330米，西城垣4910米，合计23720米。傅熹年在《北京古代建筑概述》中称，"内城东西6672米，南北5350米"，合计周长约24公里。张先得的《明清北京城墙和城门》则认为，"北京内城周长23.3公里"。《北京志·建筑志》则有"经过改建后的北京内城城墙的周长约22公里，东西宽约6650米，南北长约5350米"的记录。不同的测度方式以及测量时间，均有可能得出不同的数据。

至于内城城垣的建筑形式、附属建筑与设施等方面，《光绪顺天府志》称，内城城垣"下石上砖，共高三丈五尺五寸，堞高五尺八寸，址厚六丈二尺，顶阔五丈……城垛一百七十二，旗炮房九所，堆拨房一百三十五所，储火药房九十六所。雉堞一万一千三十八，炮窗二千一百有八"。除此以外，内城九门、

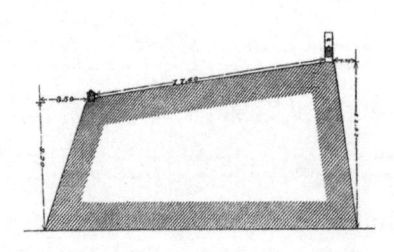

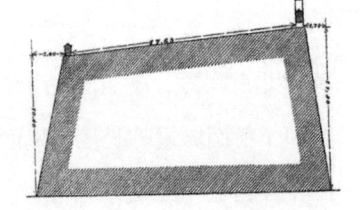

东北角楼与安定门间城墙剖面图

四处角楼以及四面城墙一共建有27对马道。上述记录，也是对北京内城城垣的一般记录，由于修建时间的不同，以及明清各朝的不同的修葺手法，各段城垣之间，甚至是同一面城垣之间，还是存在不少差异的。

在四面城垣中，东西城垣的厚度、高度几乎一致，南城垣比东西城垣厚3米左右，北城垣则比南城垣厚3~4米，高度上也高出1米以上。据喜仁龙统计，内城南墙顶宽约为15米，外侧高约10.4米，内侧略低几厘米；东西墙顶宽约为11.5~12米，其外侧高约10.4米，内侧比外侧低几十厘米；北墙顶宽为17.6~19.5米，外侧高11.5~11.93米，内侧高9.2~11米。同样，城墙上的雉堞和女墙，北墙也较其他各面宽大。内城雉堞高1.6~2.15米，宽1.86~2.1米，厚0.85米，垛口宽0.45~0.5米。内侧女墙，墙高0.98~1.25米。城垣的内外侧墙体的坡度也不同，一般内侧壁比外侧壁略微陡峭，北墙的外壁坡度比其他三面更小一些。北墙倾斜度为3.5~10米，其余各面同等墙高倾斜度为1.2~2米。

内城城垣的包砖也因建造、修葺时间的不同而有所区别。城垣外壁包砌内外两层砖，外为长48厘米、宽24厘米、厚13厘米的明代大城砖，内为平均长29厘米、宽14.5厘米、厚4厘米的元代小砖，小砖层平均厚度约1米，大砖层平均厚度为70厘米。城垣内壁由明代大城砖包砌一层，平均厚约1米。由于历年修葺等原因，不少地段的城垣有多到三四层城砖包砌，在一些被树根和流水侵蚀而塌坏的城墙处，外表甚至被七八层的城砖包砌。砌砖的用料，明代洪武年间用泥浆砌筑，永乐年间用泥浆掺白灰浆砌筑，正统年间以后用白灰浆砌筑。砖包之内为夯土芯，东西两面城垣是明代在元大都大城土城的基础上夯筑的，部分城墙还有清代修葺的夯土；南北城垣则为明代所夯筑，有部分城墙的明代内芯外有清代修葺时加夯的土层。城垣顶部平面以三合土夯实，并城砖海墁，向内侧泛水。在内侧女墙之下开设排泄雨水的石制吐水口，高38.5厘米，宽45厘米。

内城的墩台，总数为172个。经今人测量，凸墩台出城墙之外的长度为14~15米，正面宽13米。每隔数十个墩台，就有一种长约20米、顶宽约35米、基宽约38米的中心墩台。墩台间的距离不等，视地形和防守程度而定。两个墩台之间距离最近者85米，最远者为140米。墩台后的城垣上都建有面阔三间的硬山顶铺房，供士兵休息和存放武器之用。

在内城城垣上还设有水关7处，分别位于正阳门东西、崇文门东、宣武门西、朝阳门南、东直门南、德胜门西。水关均内外三层，每层都用铁栅栏加以阻隔。

内城城垣目前尚有两段留存，一段在今西便门附近的内城西城垣遗址，一段在东南角楼附近的南城垣东段及东城垣南段遗址。

西便门附近的内城城垣遗址属于西城垣南段，在修复之前仅剩一段长约195米的夯土芯。1987年，有关部门用13万块新城砖在夯土芯之外包砌新砖，同时保留7处断面遗迹，并在墙上建造一座歇山小式顶的方楼，1988年竣工。重修墙体高11.6米，基宽19.3米，顶宽15.69米，总长210米。上面立有侯仁之撰写、刘炳森书丹的《明北京城墙遗迹维修记》纪念碑。此处城墙曾一

明北京城墙遗迹

度被称为"西便门城墙",因使人容易形成其属于外城城垣的错觉,后改为"明北京城墙遗迹"。

东南角楼附近的内城城垣,从崇文门到角楼保存了南墙遗址约1245米,包括11座墩台。墙体大部分残破,约有200余米尚保存原有高度,墙上雉堞、女墙、石制水口等都已无存。另外,1915年修筑的铁路穿城券洞及铁路信号所也在残址中保留,券洞高8.2米,宽9.2米,洞深7.4米,是京城环城铁路唯一的遗存。东城墙残址长约360米,包括3座墩台,只有少数地面残迹和长约200米、残高约6米的墙体。2002年至2003年,有关部门对遗址的环境进行了整治,拆除了城墙内外围挡的房屋,并利用从民间征集来的20多万块旧城砖,在尽可能保持城墙原貌的前提下,对城墙的残址进行了适度的整治、加固、补砌。在修复文物

明北京城墙遗址公园

的同时，有关部门在崇文门东大街至东便门，东起东便门城东南角楼，西至崇文门，总面积约15.5公顷范围内，大量保留了城墙周边的树木，并进行了园林绿化，建成了"明北京城墙遗址公园"。

1984年，这两处明代内城城墙遗迹被公布为北京市第三批文物保护单位。2013年，又被公布为第七批全国重点文物保护单位。

内城城门

明清北京内城共有9座城门，南垣正中为正阳门，东为崇文门，西为宣武门；东垣南为朝阳门、北为东直门；西垣南为阜成门，北为西直门；北垣东为安定门，西为德胜门。

各个城门均建有高大华丽的城楼，并设有瓮城及箭楼。乾隆朝《钦定大清会典则例》记载："凡门楼均朱楹丹壁，檐三层，封檐列脊，均绿琉璃。城闉九，惟正阳门城闉辟三门，谯楼一，闸楼三。余八门城闉各一门，谯楼、闸楼各一，凡谯楼闸楼均四面砖垣，设炮窗，雉堞均留枪窦。"内城的四角，均有角楼一座。目前，内城九门尚存有正阳门城楼及箭楼、东南角楼、德胜门箭楼等建筑。

正阳门，曾名丽正门，俗称前门，正统年间改。"正阳"之名，由古人有"日为众阳之宗，人君之表"、"天子当阳"之说，又以门为"国门"，在中轴线上，正对宫门，故而得名。正阳门始建于永乐年间，正统年间重建城楼，并增建瓮城、箭楼、闸楼。清乾隆四十五年（1780），道光二十九年（1849），箭楼两度失火被毁，两度修复。清光绪二十六年（1900），义和团运动及八国联军侵华过程中，正阳门箭楼和城楼先后被毁。1907年，再度按原样修复。民国时期，前门交通改造，拆除了瓮城及闸楼，并对箭楼

正阳门全景

进行修饰，现存的箭楼即当年改造后的样式。正阳门是北京内城正门，因此其城楼、箭楼、瓮城的规格、尺寸等，均远高于内城其他八门。1988年，正阳门城楼、箭楼，被公布为全国重点文物保护单位。

正阳门城楼的城台，外侧底面宽93米，内侧底面宽88.65米，外侧顶面宽53.88米，内侧顶面宽49.85米，城台台基进深31.45米，台面进深26.5米，城台高13.2米。城台下辟券门，为五伏五券顺向拱券式，内侧券门高9.49米，宽7米，外侧券门高6.2米，宽6米。门两重，前有吊落式闸门（千斤闸），后有对开铁叶大门。城台内侧沿城墙设斜坡登城马道一对，宽4.85米。

正阳门城楼建于城台之上，为重檐歇山楼阁式，灰筒瓦绿琉璃剪边，正脊两端置脊兽，戗脊置九跑小兽，朱红梁柱，绘金花彩绘。楼两层均面阔七间，进深三间，外加周围廊，连廊通宽41米，连廊通进深21米，上层四角立擎檐柱。城台城楼通高40.96米（一说42米），为北京各城门中最高者。城楼底层为红垩砖墙，明间及两侧山面各有过木方门一座；二层三明间前后为菱花隔扇门装修，两次间为红垩砖墙。

瓮城平面为长方形，南北长108米，东西宽88.65米，北端与城垣直角相交，南段两角抹圆，瓮城的墙体、形制与内城城垣基本相同。瓮城城垣东西两侧辟有券门，门内设千斤闸，上建闸楼。两边闸楼形制相同，单檐歇山小式，灰筒瓦绿琉璃剪边，饰绿琉璃瓦脊兽，面阔三间。闸楼外侧正面设箭窗二层，每层6孔，计12孔，内侧正面设过木方门，两侧山面各开小方窗一。瓮城内部靠近内城垣处有寺庙两座，西为关帝庙，东为观音庙，均始建于明代，1967年拆除。

箭楼，在瓮城南端正中，始建于明正统年间。改建以前的箭楼城台南端凸出瓮城城垣近10米，城台高约12米。城台下辟券门，与城门相对，为内城其他各门所无。券门南侧为五伏五券，北侧为1915年新加平台门洞，券用三伏三券，门洞内设千斤闸。券门平日设而不用，专供皇帝车驾出城时使用。箭楼为重檐歇山顶，灰筒瓦绿琉璃剪边，正脊装绿琉璃望兽，戗脊置七跑小兽。面阔七间，通阔约54米，进深20米。箭楼上层向北出悬山坡，下层檐出歇山北抱厦，抱厦面阔五间，宽42米，进深12米，辟

正阳门箭楼

过木方门三座。整座箭楼通高 38 米，同样也是内外城门箭楼中最高大的。箭楼南、东、西三面辟箭窗，南面四层每层 13 孔，东、西侧各四层每层 4 孔，加上抱厦 2 孔，共有箭窗 86 孔。

正阳门箭楼外为护城河，护城河上设石拱桥一座，称为正阳桥。这座桥在外形上做成三座并列的石拱桥连组，宽大平坦，远胜其他城门的石桥。石桥南端桥头有座金碧辉煌的六柱五间跨街牌楼，俗称"五牌楼"。牌楼正中额题"正阳桥"，是正阳桥的组成部分之一。正阳门城楼、箭楼、两座闸楼，再加上三道桥面、五间牌楼，于是北京民间遂有"前门楼子九丈九，四门三桥五牌楼"的谚语。五牌楼在 1935 年进行了改造，形式有所变化。20 世纪 50 年代后，石桥、牌楼在城市改造过程中被拆除，护城河也由明沟改成暗河。2006 年，北京市市政部门在原址按照民国样式重建了五牌楼。

崇文门为内城南城垣东门，俗名哈达门、哈德门、海岱门，是民间对元大都文明门俗称的沿袭。始建于永乐年间，当时沿用文明门旧名，正统年间修葺后改名。明清各朝均有修缮，其中在乾隆二十五年（1760）曾进行大规模整修。近代以后，在光绪二十年（1894）、1921 年，也分别对城楼进行过修葺。

崇文门城台高 10.2 米，基宽 43.45 米，基厚 28.55 米，城台顶宽 39.1 米，进深 24.3 米。正中辟券门，内侧券门高 9.49 米，宽 6.95 米，外侧券门高 5.6 米，宽 6 米，城台内侧左右两边沿城墙修建登城马道一对。

崇文门城楼为重檐歇山三滴水楼阁式，灰筒瓦绿琉璃剪边，

崇文门城楼

饰绿琉璃脊兽。朱红梁柱，墨线旋子彩画。城楼面阔五间，周围廊，连廊通宽39.1米，进深三间，连廊通进深24.3米，城台城楼通高35.2米，形制小于正阳门。城楼一层为红垩砖墙、灰下肩，四面明间各辟一过木方门。二层有回廊，前后明间为隔扇门窗，两侧暗间为红垩砖墙。1966年，崇文门城楼及城台被拆除。

瓮城形式与正阳门相似，北端与城垣直角相交，南段两角抹圆，南北长86米，东西宽78米。瓮城西侧辟券门，上建闸楼。瓮城内西北角建关帝庙。崇文门箭楼由于庚子年间毁于八国联军炮火，没有实测数据保留。根据图片判断，其形制与正阳门类似，但规格略小。1901年，英国人在瓮城两侧开洞子门以通火车。1950年，因道路施工瓮城及箭楼城台被拆除，城楼两侧也各辟门洞一个。

崇文门外吊桥东北桥翅曾有直径 1 米的铁龟，相传为镇水之物，有"崇文铁龟"之称。崇文门在历史上还有"酒门"之称，各种运酒的车辆须在崇文门完税后方可进入内城。崇文门税关也是明清两代最大的税关，设在崇文门外三条外西口。明弘治六年（1493）开始在崇文门设局征收过境商税。清代崇文门税关是政府特设的征税机构，隶属于户部。由户部和内务府派官吏担任税关正、副监督，收入归内务府掌管，供皇室享用。除征收正税外，税关巧立名目，进行种种勒索，连肩挑背筐的商贩，赴京应试的举人，甚至入京陛见的官吏也难以逃脱。当时有诗云："长安道上最难行，街市高低路不平，寄语官商牢记着，城门监督更无情。"直到 1930 年，崇文门税关方告裁撤。

宣武门，俗称顺承门、顺直门、顺治门，是对元大都城门名称的沿用和转音。宣武门位于内城南城垣西侧，距正阳门 1.9 公里，营建及命名变化与崇文门相同。城门建成后，明清两代及民国亦多有修缮。

宣武门箭楼上废弃的铁炮

宣武门与崇文门形制、大小基本相同。喜仁龙描述道："顺治门和哈达门是一对姊妹门，其规模、形状乃至保存的状况都几乎一样。"宣武门城台高10.4米，底部基宽43.8米，城台顶宽38米，进深23.8米。正中辟券门，内侧券门高8.5米，宽6.9米，外侧券门高5.5米，宽6.05米，城台内侧左右亦设马道一对。城楼面阔五间，连廊通宽约32.6米，进深三间，连廊通进深23米，城台城楼通高约33米。瓮城南北长83米，东西宽75米。瓮城的东侧辟券门，上建闸楼。瓮城内东北角，明朝时建关帝庙，1927年拆除。1930年，瓮城被拆除。

宣武门箭楼，形制与正阳门箭楼相似，但规模略小，箭楼之下的城台也未辟券门。箭楼为重檐歇山顶，灰筒瓦绿琉璃剪边，饰绿琉璃脊兽。面阔七间，宽36米，进深三间，深14米，箭楼连城台通高30米。箭楼上层向北出悬山坡，下层檐出歇山北抱厦，抱厦面阔五间，宽27米，进深7米，辟过木方门三座。箭楼南、东、西三面辟箭窗，南面四层每层12孔，东、西侧各四层，每层4孔，加上抱厦2孔，共有箭窗82孔。1927年，宣武门箭楼因年久失修被拆除。

宣武门在奇门遁甲中属"死门"，主凶，官民出殡出宣武门，菜市口刑场亦在宣武门外，押送待决人犯的囚车也由宣武门出。此外，宣武门旧时承担鸣炮报时的职能，称"宣武午炮"。当时，宣武门有铁铸大炮五门，每日午时鸣炮一响，声震京城内外，供官绅百姓对时之用。

阜成门，俗称平则门，为元大都旧称的沿用，在内城西城垣南侧，旧址在今阜成门内大街西口。明初修补元大都旧门后沿用，正统年间（1436—1449）完修后更名，以后历代均有修缮。

　　阜成门的形制与宣武门近似，只有细微差别。城台底部基宽40.65米，台基厚29.3米，城台顶宽37.7米，进深24米，城台高12.11米。正中辟券门，内侧券门高8.64米，宽6.85米，外侧券门高5.87米，宽5.55米，城台内侧左右亦设马道一对，宽5米。城楼面阔五间，连廊通宽31.2米，进深三间，连廊通进深17.6米，连城台通高34.72米。瓮城东西长65米，南北宽74米，瓮城北侧辟券门，券门上建闸楼。瓮城内东北角建关帝庙，庙坐北朝南。箭楼台基高13米，台基底宽39.8米，面宽35.8米。箭楼面阔七间宽35.2米，进深三间15.8米，高18.4米，连台基通高31.4米。北出抱厦五间宽28.2米，进深7.5米，箭楼通进深23.6米。1935年，

阜成门外景

阜成门箭楼、闸楼因残破失修被拆除。1953年，瓮城及箭楼城台因修路被拆。1965年，阜成门城楼被拆除。

明清时期，阜成门是通往京西门头沟等地的门户，装载京西所产煤炭的煤车均由此进城，因此阜成门又有"煤门"之称。在阜成门门洞内、北侧平水墙上砌有一块镌刻有一束梅花的石条，"梅"与"煤"同音，老北京有"阜成梅花报暖春"的俗语。

西直门，俗称和义门，亦为沿用元大都时的旧称，在内城西垣北侧，旧址在今西直门立交桥东。永乐年间（1403—1424）在元代城门基础上补修并改名，正统年间（1436—1449）修缮时将元代和义门瓮城包砌于箭楼城台之下，后多次修缮。1894年，清政府在修建西直门到颐和园的官道时，对西直门城楼也进行了修缮。

西直门城楼与阜成门在平面结构上相同，大小接近。城台基底宽40.9米，台基厚28.6米，城台顶宽37.4米，进深24米，城台高10.75米。正中辟券门，内侧券门高8.46米，宽6.9米，外侧券门高6.3米，宽5.6米，城台内侧左右亦设宽5米马道一对。城楼面阔五间，连廊通宽32米，进深三间，连廊通进深15.6米，城楼连城台通高32.75米。喜仁龙在《北京的城墙与城门》中称西直门城楼面阔七间，进深五间，似有误。

西直门的瓮城与上述各城门的形制不同，瓮城四角为直角，略呈正方形，东西长62米，南北宽68米。瓮城南侧辟券门，与阜成门瓮城券门相对。券门上直接建闸楼，未有城台。闸楼形制与其他城门相似。瓮城西北角建有关帝庙，庙坐北朝南，20世纪

西直门雪景

30年代拆除。西直门箭楼台基底宽40米，箭楼面阔七间宽35米，进深三间宽21米，北出抱厦五间宽25米，进深6.8米，箭楼通进深27.8米。1969年，西直门城楼、瓮城、箭楼被全部拆除。

西直门是明、清两代自玉泉山向皇宫送水的水车必经之门，因此又有"水门"之称，据说城门洞内砌有汉白玉水纹石一方。西直门外长河两岸，垂柳成行，前来踏青赏柳者众多，故有"西直折柳"之称。

德胜门，位于内城北城垣西侧，在今德胜门立交桥附近。洪武元年（1368）始建，后经永乐、正统年间两次修缮，最终定型，以后历代均有修缮。目前，德胜门尚保存有箭楼及部分瓮城城垣。1979年，德胜门箭楼被公布为北京市文物保护单位。2006年，又被公布为全国重点文物保护单位。

德胜门城楼的形制与西直门相似，城台基底宽39.85米，台基厚26.6米，城台顶宽35.1米，进深19.9米，城台高12.36米。正中辟券门，内侧券门高8米，宽6.85米，外侧券门高6.1米，宽5.6米，城台内侧设宽5米的马道一对。城楼面阔五间，连廊通宽31.5米，进深三间，连廊通进深16.8米，城楼高23.64米，连城台通高36米。瓮城的形制与阜成门相似，南端与北城垣二直角相接，北端两角抹圆，南北长117米，东西宽70米。瓮城东侧辟券门，券门上建闸楼。瓮城内箭楼下正中建真武庙，德胜门、永定门处于北京城北面，供奉象征北方之神的真武大帝，与其他城门瓮城内建关帝庙不同。20世纪30年代真武庙倾圮，仅余偏殿。1992年，在原址复建。瓮城内西侧曾有乾隆二十三年（1758）所建祈雪碑及碑亭，故有"德胜祈雪"之称。碑及碑亭在20世纪20年代拆除。1915年，德胜门瓮城因筑环城铁路被部分拆除。1921年，德胜门城楼因年久失修被拆除，成为内城各门中最早被拆的城楼。1955年，城楼城台及闸楼被拆除。

德胜门箭楼，形制与西直门箭楼略同。城台高12.6米，墙体有收分，东西宽约39.5米，上沿筑有雉堞和女墙。箭楼坐南朝北，面阔七间宽34米，进深三间12米。南侧抱厦面阔五间宽25米，进深7.6米，通进深19.6米。箭楼高19.3米，连城台通高31.9米。楼内结构主要是由高大的金柱与承重梁、穿插梁和跨空枋相搭接，将立体空间分为四层，向抱厦的一面有扶手栏杆，供人逐层登高，其余三面各层则与外面的箭窗相应。箭楼在八国联军侵华时曾受到破坏，1902年修缮。瓮城拆除后，在箭楼内侧增修了两条之

德胜门箭楼

字形登城磴道。1951年、1979年，北京市有关部门两次对箭楼进行修缮。目前，箭楼作为北京市古代钱币展览馆对外开放。

明清时期，德胜门有"军门"之称，军车人马从德胜门出发，取"得胜"吉兆。康熙帝亲征平定噶尔丹叛乱之役，出征、凯旋均经德胜门出入。以后清代多次出征，军队均走此门。1900年8月，八国联军攻入北京，慈禧太后携光绪帝亦从此门西逃。

安定门，位于内城北城垣东侧，旧址在今安定门立交桥正中。修建过程与德胜门相同，建筑形制也十分相似。安定门在明清各朝均有修缮。正统六年（1441），安定门城楼遭遇火灾，当年修复。道光六年（1826），安定门城楼再次失火，当年修复。

安东门城楼台基底宽40米，台基厚27.5米，城台顶宽34.7

米，进深 21.2 米，城台高 11.13 米。正中辟券门，内侧券门高 10 米、宽 7 米，外侧券门高 5.5 米、宽 5.6 米，城台内侧左右亦设宽 5.25 米马道一对。城楼面阔五间，连廊通宽 31 米，进深三间，连廊通进深 16.05 米，城楼连城台通高 33.13 米。瓮城南北长 62 米，东西宽 68 米。与其他城垣城门的瓮城券门相对不同，安定门瓮城在东侧辟券门，券门上建闸楼，背向德胜门瓮城。安定门瓮城正下方也建有真武庙，为一特色，故有"安定真武"之称。安定门箭楼面阔七间共 32.5 米，进深三间共 18.5 米。南侧抱厦面阔五间宽 27 米，进深 6.5 米，通进深 25 米。箭楼城台通高 30 米，三面辟箭窗 82 孔。1915 年，因修筑环城铁路，安定门瓮城

安定门瓮城内的真武庙

部分拆除。1958年，真武庙及闸楼被拆除。1969年，安定门城楼、箭楼连同城台一起被拆除。

安定门是军队征战回朝经常使用的城门，取"天下安定"寓意。同时，由于当时北京的粪场主要集中在地坛附近，运送城中的粪便、垃圾的粪车从安定门出城。

东直门，民间沿袭元代旧名亦称之崇仁门，位于内城东城垣北侧，旧址在今东直门立交桥西。与西直门遥遥相对，是北京内城九门中可以直接贯通的两座城门。东直门的营建经过与西直门相同，形制也十分相似。

东直门城台基底宽39.95米，台基厚28.8米，城台顶宽36米，进深22米，城台高11.58米。正中辟券门，内侧券门高7.7米，宽6.35米，外侧券门高5.25米，宽5.3米，城台内侧左右亦设宽4.8

东直门全景

米马道一对。城楼面阔五间，连廊通宽 31.5 米，进深三间，连廊通进深 15.3 米，城楼连城台通高 34 米。瓮城样式、尺寸与西直门完全相同，也是四角直角，东西长 62 米，南北宽 68 米。瓮城南侧辟券门，与朝阳门相对。箭楼面阔七间宽 32 米，连城台通高 30 米许，也与西直门接近。瓮城西北角建关帝庙，但庙中仅有"关帝圣君"神牌，没有关公塑像。北京民间有"九门十座庙，一座无神道"的谚语，其中"无神道"的庙即是指东直门关帝庙。1915 年，瓮城因修建环城铁路部分拆除。1927 年，箭楼因年久失修被拆除，上面的楠木木料被售卖。1965 年，剩余的城楼、瓮城城台等被完全拆除。

东直门，明清时期有"木门"之称。南方木材砖瓦经运河到京，存储于东直门外，城外也有不少砖窑烧制砖瓦，这些都是经由东直门运入城内。东直门外还是明清的春场所在地，顺天府立春时分要在此迎春。明人刘若愚《酌中志》有"立春前一日，顺天府于东直门迎春。凡勋戚内臣，达官武士，赴春场跑马以较优劣"。清人富察敦崇的《燕京岁时记》亦记载："立春前一日，顺天府尹率僚属朝服迎春于东直门外，隶役异芒神土牛，导以鼓乐，至府署前，陈于彩棚……立春日，礼部呈进春山宝座，顺天府进《春牛图》。礼毕回署，引春牛而击之，曰打春。"

朝阳门（俗称齐化门，是对元大都城门名称的沿袭），在内城东城垣南侧，旧址位于今朝阳门立交桥处。朝阳门与西城垣的阜成门相对，营建的过程、建筑的形制也与阜成门基本相同。明朝弘治、嘉靖、万历等朝均有修葺，清代以后也进行过多次修葺。

朝阳门城台基底宽 41.1 米，台基厚 27.36 米，城台顶宽 33.75 米，进深 20.6 米，城台高 11.7 米。正中辟券门，内侧券门高 8 米，宽 6.4 米，外侧券门高 6 米，宽 5.1 米，城台内侧左右亦设宽 5 米马道一对。城楼面阔五间，连廊通宽 31.35 米，进深三间，连廊通进深 19.2 米，城楼连城台通高 32 米。瓮城外侧两角抹圆，内侧与城垣直角相交，东西长 62 米，南北宽 68 米。瓮城北侧开券门，上建闸楼。瓮城内东北角建关帝庙，庙坐北朝南，1915 年与瓮城一并拆除。箭楼城台高 12.5 米，面阔七间宽 32.5 米，通进深 25 米。箭楼在 1900 年被日俄军队炮火摧毁，1902 年复建。1956 年，城楼因年久失修被拆除，1958 年箭楼也被拆除。

朝阳门是明清帝王拜祭日坛的通道，也是明朝藩王到封地就

朝阳门外景

封的出城之所。《酌中志》记载："朝阳门，俗称齐化门也。圣驾春分躬诣朝日坛及藩王之国，则由朝阳门出。"民间还将朝阳门称为"粮门"。朝阳门内外分布着从北新仓到禄米仓，号称"九仓"的皇家仓廪。九仓之粮皆从此门运至，每逢京都填仓之日，往来粮车络绎不绝。在瓮城门洞内曾有刻谷穗一束的石条，有"朝阳谷穗"之称，1900年石刻亦被炮火毁坏。

明清北京内城四角还建有角楼，四座角楼形制、尺寸基本相同，均建于明正统年间，以后历朝均有修缮。1900年，西北角楼毁于八国联军炮火。1920年，东北角楼因失修残破被拆除。20世纪30年代，西南角楼亦因失修残破被拆除。后来，因筑路及修建地铁等原因，以上三座角楼的城台也先后拆除。目前，只有东南角楼尚存，是北京城唯一的明清角楼，也是国内现存最大的角楼建筑。1979年被公布为北京市文物保护单位，1982年被公布为全国重点文物保护单位。

东南角楼位于今建国门立交桥南，北京站东南隅，通惠河以西。明正统年间建成，此后明清均有所修缮，其中在乾隆年间对各城门楼进行较大规模的修葺或重修，对角楼也进行了修缮。1900年角楼受到八国联军炮火损坏，于清末修复。1935年民国政府也曾对角楼进行修缮，并将角楼大木结构的彩绘漆成满堂红。1981年，北京市政府拨专款对东南角楼进行落架大修，并成立文物保管所。根据不改变原状的原则，恢复了民国修缮后的旧貌，1983年修缮工作完成。1988年，又复建了城上铺舍及登城马道。1989年9月，恢复对外开放。目前，作为明城墙遗址公园的一部分，

内城东南角楼

角楼成为展出有关北京城垣城门历史等内容的展览馆。

　　角楼建于凸出城墙外缘的方形台座上,城台凸出城墙东、南各15米,台高12米,台基长39.45米,上顶长35米,西北角约四分之一与两边城垣交会为一体。城台内侧筑登城马道一对。角楼为箭楼形式,平面由大小两个曲尺形组合成九边十角的复杂曲尺形。大曲尺形为角楼正楼的平面,小曲尺形则是正楼背面交角抱厦的平面。

　　角楼楼高17米,连城台通高29米。正楼外侧两阔面各长35米,两窄面各宽13.5米。内侧抱厦两阔面东为15.1米,西为15米,两窄面均为2.75米。整个地面建筑面积为701.3平方米。角楼为七檩转角楼,重檐歇山式,灰筒瓦绿琉璃剪边,绿琉璃瓦脊兽。屋顶两条正脊相交处,向东、南两侧各推出一个歇山结构,使顶部转角处呈十字交叉。十字脊中间装火焰宝珠式绿琉璃瓦宝顶，宝顶高 1.3 米。歇山相交处有东南方向垂脊，上设脊兽，两侧有排水天沟。斗拱为单翘五踩，梁柱原为旋子雅五墨彩画。这些歇山屋面、宝顶以及十字脊全用绿琉璃瓦件，加上彩绘梁柱，为灰色呆滞的军事建筑增添了华丽与灵动，也突出了远望的景观效应。

角楼辟箭窗四层，重檐之间一排，檐下三排，东、南两个长面每排各 14 孔，西、北两个短面每排各 4 孔，总计 144 孔。箭窗呈外八字放射形，底层箭窗内侧长 110 厘米，宽 90 厘米，外侧长 140 厘米，宽 117 厘米，窗距 80 厘米，随墙体升高，进深越来越浅。角楼内侧抱厦正中辟过木方门各一，一西向，一北向。门上设有 1.8 米高直棂窗 3 扇，以增加室内采光。楼内有高约 14 米、直径约 50 厘米的金柱 20 根，上承七架梁。楼内铺设三层楼板，将楼隔成四层。其中内转角的金柱于 1935 年修缮时被换成水泥柱。

明清北京的皇城与宫城

皇城城垣与城门

明清北京的皇城,是在充分利用了元大都的旧有基础改造而成的。永乐年间,修建皇城与宫城之时,将之比元大都旧城稍有前移,并向北、向东有所扩展。明宣宗宣德年间,皇城东城墙再度外扩。《明宣宗实录》记载,宣德七年(1432)六月,"上以东安门外缘河居人逼近皇墙,喧嚣之声彻于大内,命行在工部改筑皇墙于河东"。原皇城东门东安门外为通惠河进入积水潭的河道御(玉)河,皇城东扩将御河部分河段圈入,漕运船只无法通行,只能在北京城外装卸。对于明朝皇城

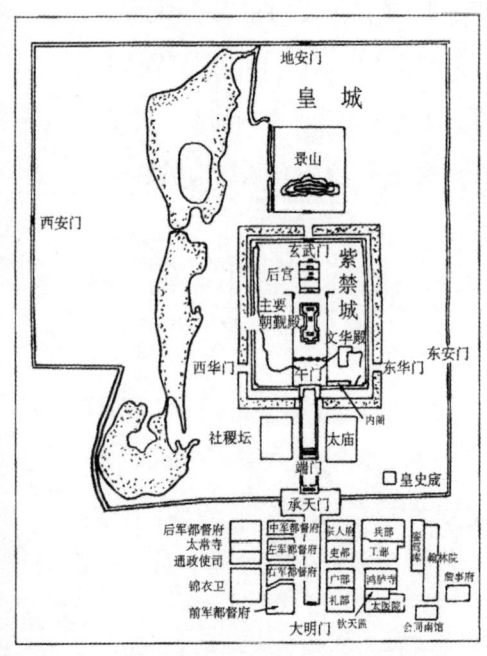

明皇城平面示意图

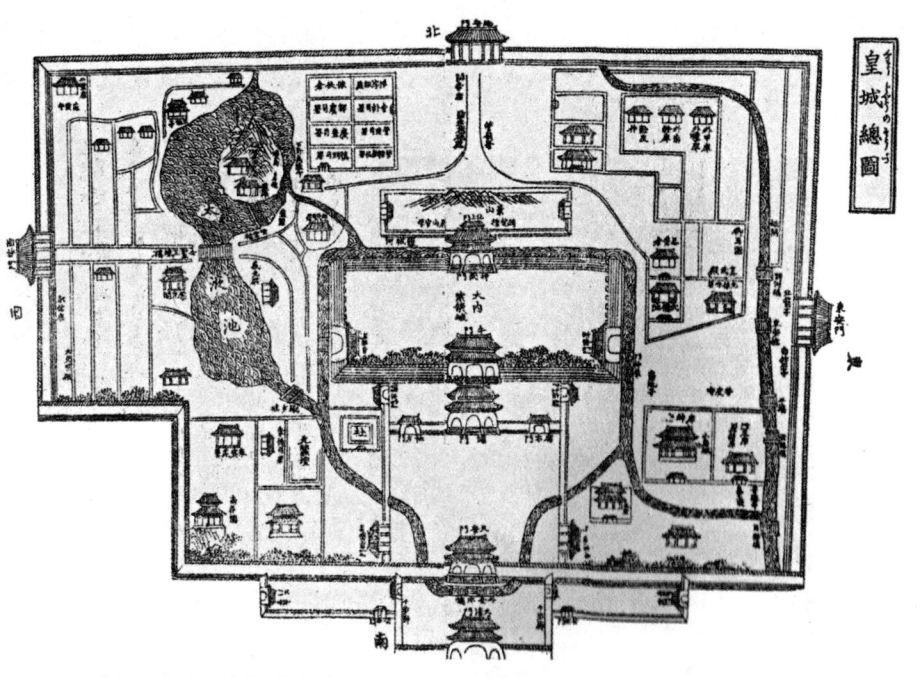

《唐土名胜图会》皇城总图

的改建，侯仁之在《北京旧城平面设计的改造》一文中指出："明朝对北京城的改建，最重要的是在全城的中轴线上，又把元朝中心阁以南的全部建筑物，重新加以规划，并增加了新的内容，从而在全城的平面设计上做出了极为重要的发展。"

皇城城墙经过乾隆年间的修葺，皇城格局最终定型。乾隆朝《大清会典》记载："皇城广袤三千六百五十六丈五尺，高一丈八，下广六尺，上广五尺二寸。"经实测，皇城周长约11公里，面积约6.8平方公里，平面呈不规则的长方形，正南凸出，西南则因避让庆寿寺而缺一角。东墙长约2150米，从今东皇城根北口至今贵宾楼对面一线；南墙长约1770米，从今府右街南口至今北京饭店迤西一线；西墙长约2644米，从今西皇城根南街南口沿灵境胡同转折向东，至今府右街中段中南海西墙，再折向南至府

皇城墙遗址

右街南口；北墙长约2460米，从今平安大街中段原平安里西口至原宽街西口的地安门大街南侧一线。

皇城的城墙，在基础底部打0.5米的夯土层，再以城砖"一顺一丁"砌筑灌白灰浆，建成1.5米宽、1.3米高的梯形基础，然后在上面再砌墙体。墙体用城砖砌筑，上用冰盘檐挑出黄琉璃瓦顶，墙身不抹灰，直接涂红色。现存皇城墙抹麻刀灰、涂红土为近代修缮的做法。墙体高约6米，墙基厚约2米，顶厚约1.7米。

民国以后，由于改善交通、军阀纷争以及官私盗卖等原因，到20世纪30年代，皇城城墙陆续被拆除。目前，皇城城墙还剩下天安门东西两侧的一段南墙，西到中南海，东到北京饭店，东侧南墙与东墙转角处的角柱石仍然存在。另外，位于今地安门内大街东侧，景山后街北侧和景山东街东侧，折至景山前街与中老胡同住宅区内，还遗留明代内皇城黄瓦墙约900米。2003年，这两处遗存以"北京皇城墙遗址"被公布为北京市文物保护单位。

明清皇城四面开门，共有门13座。其中规格较高的城门有6座：正南有三重门，最南边是大明门（清称大清门，民国称中华门），第二重门是皇城正门承天门（清称天安门），第三重门是端门；皇城北面是北安门（清称地安门）；皇城东门东安门；皇城西门西安门。另外7座门分别是：在承天门与千步廊"T"字形空间东西两端的长安左门、长安右门，以及这两座门之外乾隆中期加建的东、西三座门（又称东、西长安门）；在长安左门、长安右门之外，东西走向的皇城墙上还有两座随墙门，称东公生门、西公生门；在东安门内原宣德年间皇城东墙外扩后留下的旧门，称东安内门。

大清门，在正阳门北，是皇城南门，原址在今毛主席纪念堂处。始建于明永乐十五年（1417），清乾隆年间曾重修。门为砖石结构，青白石须弥座，刷灰抹红砖墙。面阔五间，辟三券门，黄琉璃瓦歇山顶，饰黄琉璃脊兽。门前置石狮及下马碑各一对，券门正中悬挂匾额。清朝为满汉文字横匾，民国则易为汉字竖匾。1958年，

中华门

天安门广场改造过程中，门被拆除。大清门外为棋盘街，门内则为千步廊，千步廊尽头为五座汉白玉石拱桥构成的外金水桥，外金水桥北为天安门。

天安门，为皇城正门。始建于明永乐十五年（1417），永乐十八年（1420）建成，沿用了南京"承天门"的形制与名称。天顺元年（1457）七月毁于火，成化元年（1465）重建。明代承天门规制略小，城楼面阔五间，进深三间，重檐歇山顶，城台辟五券门。明末，承天门再度毁于兵燹。顺治八年（1651），改建完工，格局沿用至今，并改名"天安门"。康熙二十七年（1688），再行重修，后历200余年未有大修。1949年8月，为迎接开国大典，

天安门城楼

对城楼进行了整修。其后多次进行修缮，1969年12月进行落架重修，1970年完工。1980年再度全面大修。1961年，国务院公布天安门为第一批全国重点文物保护单位。

天安门城台高12.3米，城台长120米，宽40米，城台外皮抹灰涂朱。城台下辟五券门，中间券门高8.82米，宽5.25米，外侧券门大小依次递减。城楼建于汉白玉须弥座上，连城台通高33.7米，黄琉璃瓦重檐歇山顶，檐角仙人走兽10种，屋顶两侧山花刻有梨花绶带，油漆贴金。面阔九间，明间宽8.5米，通面阔57.14米，进深五间，连廊通进深27.05米，四周有汉白玉栏杆环绕。九间城楼与五孔券门组合使用，有"九五飞龙在天"的寓意，代表九五之尊的帝王。明清两代凡皇帝登基、皇后册立等盛大庆典，都要在天安门以"金凤衔诏"的形式举行隆重的颁诏仪式。皇帝迎娶、朝审、战时祭旗、祭祀天地等，也要从此门出入。

端门位于天安门之南，两侧各有廊庑26间。始建于永乐年间，初为三券门。康熙六年（1667）重修，康熙二十八年（1689）重建，增筑城台、城墙，开五券门。1955年，端门又进行大修。端门的形制与天安门略同，城台连城楼通高33米，黄琉璃瓦重檐歇山顶，面阔九间，进深五间。对于端门属于皇城，还是属于宫城，明清两朝的典籍说法各异，直到现在仍存在不同看法。传统的看法将端门纳入皇城，认为午门为宫城正门，以南属于皇城。但也有人将端门归入紫禁城，理由是端门与午门之间是六科的值房和各衙门的朝房，在功能上属于前朝部分，在制度上把端门视

端门

为紫禁城的正门。

地安门,明朝称北安门,俗称厚载门、后门,是皇城的北门,位于北垣正中,南面是景山,北边是鼓楼。始建于明永乐年间,弘治十六年(1503)重修,隆庆五年(1571)修葺。明朝末年毁于兵燹,清顺治九年(1652)重建并改名。地安门为砖木结构宫门式建筑,黄琉璃瓦单檐歇山顶,饰黄琉璃脊兽。面阔七间,宽约38米,进深三间深约12.5米,通高约11.8米。正中三间设朱红大门三对,左右各两梢间为值房。地安门内左右两侧各建雁翅楼,为两层小楼,黄琉璃瓦覆顶,面宽各十三间,面积约300平方米,清代为满、蒙、汉上三旗(指两黄旗、正白旗)公署。明清两代,皇帝北上巡视、出征时大多要出地安门,亲祭地坛时

地安门

亦出地安门。20世纪30年代雁翅楼拆除，1955年地安门拆除。2014年，北京市部分恢复了两侧雁翅楼建筑。

东安门，位于今南、北河沿大街东侧与东华门大街交会处，正对紫禁城东华门。始建于宣德七年（1432），天顺五年（1461）因乱焚毁，次年重建，清代历朝亦多有修缮。东安门与地安门形制相同，门内（西）为跨御河而建的石拱桥，因官员上朝等均由东安门入宫，故俗呼此桥为"望恩桥"或"皇恩桥"。桥西永乐年间所建旧门，宣德年间改建为三座门式，称东安里门。皇恩桥上砌有障墙，将两座大门连为一体。1912年，袁世凯为了抵制"南下就任临时大总统"，唆使曹锟制造兵变，动乱中东安门被焚毁。1927年，北京政府变卖皇城城墙时，东安里门一同被拆。2001年，北京市东城区政府全部搬迁东皇城根居民，通过考古发掘，发现东皇城墙及东安门的准确位置。在东安门北段复建了一条长约25米的墙体，并用下沉式展示方式，将发现的东安门、障墙、皇恩

东安门遗址

桥等考古遗址局部加以保护和展示。

西安门，位于皇城西墙中段偏北，因太液池相隔，距离紫禁城较远，亦不与东安门或紫禁城西华门相对。始建于永乐年间，万历年间进行过修缮。1644年，李自成大顺军由此门进入皇城。西安门的形制与东安门略同，1950年因火灾焚毁。

长安左门，坐西朝东，位于天安门前的东侧，今劳动人民文化宫正门前稍东。长安右门，坐东朝西，位于天安门前西侧，今中山公园正门前稍西。两门相对，是皇城通往中央官署衙门的总门。两座城门始建于永乐年间，乾隆二十二年（1757）重建。其形制与大清门相似，但略小，门前竖有下马石碑。明清殿试后，将写有中进士者姓名的黄榜，接出午门、天安门，东转出长安左门，张挂在临时搭建的龙篷内。举子们一旦金榜题名，犹如鱼跃龙门，故时人称长安左门为"龙门"或称"青龙门"。而长安右门则被称作"鼍门"或"虎门"。每年秋季,刑部重犯死囚在此门外接受"朝审""秋审",犹如过虎门关。1912年12月,这两座门的石门槛被拆除。1952年,两座门被拆除。

东、西三座门,在长安左门、长安右门两侧500米左右,位于今南长街、南池子附近。乾隆二十五年(1760)建成。《国朝宫史》记载有:"又增建长安左门外围墙一百五十五丈,长安右门外围墙一百六十七丈五尺一寸。各设三座门。"门为砖石琉璃结构,辟三方洞门。1913年,东、西三座门被拆除,改建为黄琉璃瓦红墙歇山小式三孔圆角方券门。1951年,改建后的两座门又被拆除。

东、西公生门,讹称孔圣门,分别在长安左门、长安右门之外,南向,为随墙琉璃单座如意门。建于明正统年间,清初一度停用,乾隆朝又辟。两门的开辟,是便于千步廊两侧官衙的官员就近进入皇城,而不必绕行到东西三座门。民国初年,两座门及所在的皇城墙被拆除,在原址代之而起的是四柱三门砖石牌楼各一座,东边的牌楼题名"履中",西边那座则为"蹈和"。1950年9月,这两座牌楼被拆除。

宫城城垣与城门

明清宫城,又称紫禁城、大内,是皇帝居住办公的地方。中国古代将天上的星辰分为若干区域,古人认为以北极为中枢的紫微垣乃是天帝的居所，而群星拱卫之。宫城被外城、内城、皇城层层相包，是全城拱卫的天下之中枢，因此，在汉代人们便开始以紫微来指代皇宫禁地，唐朝就有以"紫禁"称呼皇家宫闱。明清宫城是中国现存的最大、最完整的古建筑群，也是世界上别具一格辉煌壮丽的皇宫。与法国凡尔赛宫、英国白金汉宫、美国白宫、俄罗斯克里姆林宫一起，被誉为世界最著名的五座宫殿。

明清皇宫始建于永乐年间，以后明清两代陆续有过多次重建、改建及扩建，甚至直到清王朝灭亡前夕，宫内的营建活动都未停止。辛亥革命以后，清帝溥仪退位，在故宫乾清门以内的后寝区域，继续以皇帝身份生活，并享受民国政府优待。前朝三大殿至天安门这一部分则收归民国政府所有，从1912年起，陆续将外朝一些宫殿、城楼辟为"古物陈列所"以及其他展览场所。1924年，溥仪被逐出宫后，故宫完全收归民国政府所有。1925年，故宫博物院成立。1948年将古物陈列所并入故宫博物院。1949年以后，人民政府对故宫进行了大规模修整，整理并展出大批文物，使其成为一座举世闻名的古文化艺术博物院。在西华门内成立第一档案馆，专门整理政府和宫廷档案。1961年，故宫被国务院公布为第一批全国文物保护单位。1987年12月，故宫又被列入世界文化遗产目录。世界遗产委员会在评语中写道："北京故宫作为五个世纪（1416—1911）最高皇权的皇宫，包含近一万间房间及其家具陈设与工艺、众多殿宇及花园景观，是明清两朝中华文明的无价见证。"

宫城位于皇城中部偏东南，沿用元大内宫城旧址，稍向南

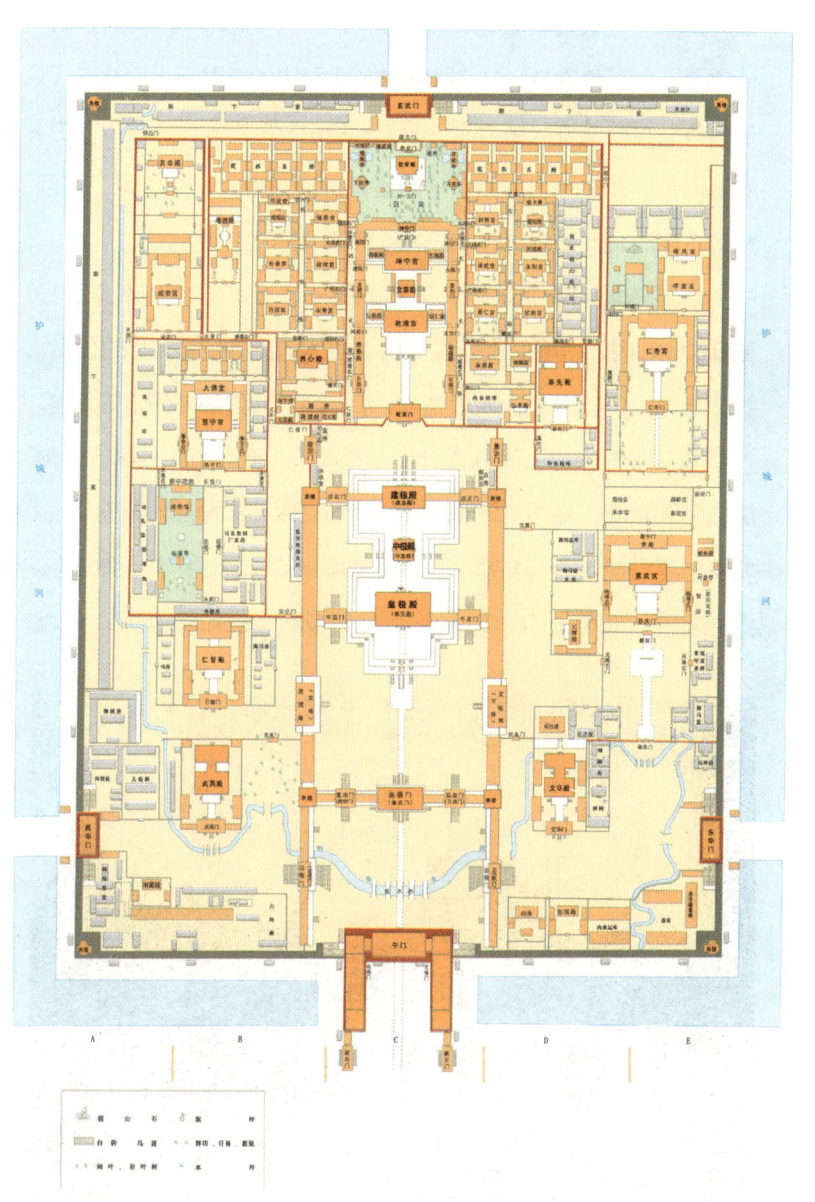

明紫禁城平面图

移。《明史·地理志》记载:"宫城周六里一十六步,亦曰紫禁城。"孙承泽《春明梦余录》有"紫禁内城墙南北各二百三十六丈二尺,东西各三百二丈九尺五寸",合计一千七十八丈三尺,比《明史》所记略长。经过今人实测,平面呈长方形,南北长961米,东西宽753米,周长3428米,占地面积72万多平方米。

宫城的城墙断面呈上窄下宽的梯形,墙基宽为8.55米,顶宽6.63米,内外两墙面收分约10%。墙体的内外侧各用四进城砖,约2米厚,内实夯土,城墙高9.9米。城垣的顶部外侧筑雉堞墙,为"品"字形垛口,厚0.38米,高约0.63米,共高1.43米。城墙内侧筑女墙,高约0.9米,墙帽是兀脊顶,扣脊瓦为黄琉璃瓦。城墙顶部海墁城砖,向内侧泛水,经女墙下排水沟眼排泄雨水。东、西、北三面城垣外16~20米外,为护城河(俗称筒子河),河宽

故宫城墙

52米，深4.1米，全长3.5公里，两岸以石条砌成垂直的护坡。南门午门外的水道为暗沟，修筑于乾隆年间。护城河除了防卫之外，还有防火和为故宫提供用水水源之用。护城河河水经神武门西靠近西北角楼城垣下一条南北直长的地道穿过城墙，转道紫禁城里改为明沟，称内筒子河。从2015年起，部分城墙对游人开放。2016年底，有关部门对故宫城墙进行大修。

宫城有城门四座，南面为午门，北面为神武门，东面为东华门，西面为西华门。城墙的四角，各有角楼一座。

午门是宫城的正门，位于宫城南垣正中，坐落于北京城南北中轴线之上。午门建成于明永乐十八年（1420）。嘉靖三十六年（1557）因雷火被焚，次年重建。万历、天启等朝，也曾经进行过修葺。清兵入关后，对宫城各门的门额进行更换。顺治四年（1647）重修午门，嘉庆六年（1801）又重修。

午门的平面呈倒"凹"字形，与金中都宫城的应天门、元大都宫城的崇天门的平面布局相似，但建筑形制有所简化。城台高12米，正中开三个外方内圆的券洞门，东西两侧墙上开左、右掖门各一，掖门进入后，即转折向北，出口与正面三券门平行。午门之门自南往北看为三门，反之，则五门，故俗称"明三暗五"。城台内侧左右正中券门高7.66米，宽5.37米，为皇帝专用，此外，皇帝大婚时，皇后乘坐的喜轿可以从中门入宫；通过殿试选拔的状元、榜眼、探花，在宣布殿试结果后可从中门出宫。中券门左右两边的券门略小，高6.93米，宽4.86米，东侧门供文武官员出入，西侧门供宗室王公出入。左右掖门高5.95米，宽4.24米，只在

故宫午门

举行大型活动时开启。

　　午门城楼由正楼、朵楼和阙楼组成。正楼建于三座券门正上方的城台之上，四周有汉白玉栏杆围绕。黄琉璃瓦重檐庑殿顶，面阔九间60.05米，进深五间25米，前后出廊，城楼连城台通高37.95米。正楼左右两掖有明廊各三间，内设钟鼓。每遇大型活动或鸣钟，或击鼓，或钟鼓齐鸣。如皇帝亲临天坛、地坛祭祀则钟鼓齐鸣，到太庙祭祀则击鼓。凸出在外的东西城台上，各建廊庑十三间，如雁翅般连接四角，民间亦俗称"雁翅楼"。廊庑两端各建一重檐四角攒尖亭阁，顶上装镏金铜宝顶。四座亭阁与正楼，高低错落，左右呼应，形若朱雀展翅，故又有"五凤楼"之称。

　　午门是明清两代许多重大典礼的举办之地。每年腊月初一，要在午门举行颁布次年历书的"颁朔"典礼。遇有重大战争，大军凯旋时，要在午门举行向皇帝敬献战俘的"献俘礼"。明代皇帝处罚大臣的"廷杖"也在午门前举行，明武宗及嘉靖帝因大臣与自己意见不合，分别在此杖杀大臣10余人。至于民间盛传的所谓"推出午门斩首"，与史实不符，将如此重要的地方作为杀人刑场显然是不可能的。

神武门是宫城的北门，处于北京城中轴线上。明永乐十八年（1420）建成，当时称玄武门。清康熙年间重修时，因避康熙帝玄烨名讳改称神武门。神武门明清两代均有修缮；1943年，基泰公司曾进行过测量；1956年、1975年、1989年，分别进行过三次大修。

神武门城台的台基为汉白玉石须弥座，城台与城墙同高，约9.9米，深约19米。城台辟门洞三个，为外方内圆之券洞门。外侧正中方门之上，民国年间曾悬挂李煜瀛所书"故宫博物院"木制横匾，今易为郭沫若题写的同名石匾。城楼建于汉白玉基座上，高21.9米，连城台通高约32米。面阔五间，连廊通面宽41.74米，进深一间，连廊通进深12.28米。四周围廊，环以汉白玉石栏杆，四面门前各出踏跺。楼为黄琉璃瓦重檐庑殿顶，饰黄琉璃瓦脊兽，下层单翘单昂五踩斗拱，上层单翘重昂七踩斗拱，梁枋间饰墨线大点金旋子彩画，上檐悬蓝地镏金铜字满汉文"神武门"华带匾。楼前、后檐明间与左、右次间开门，为菱花隔扇门。东西两山设双扇板门，通城墙及左、右马道。神武门城楼的进深，在一些著作当中记成"进深三间"，应有误。周乾等工程技术人员曾对神武门进行实测，在《神武门修缮设计中的定位测量技术》一文中

1928年至1937年间的神武门

有"面阔一间"的文字说明,并配以实测图纸。

清代,神武门城楼与地安门北的钟楼、鼓楼并称"三楼"。设钟、鼓,由銮仪卫负责管理,钦天监指示更点,每日由博士一员轮值。每日黄昏后鸣钟108响,钟后敲鼓起更。其后每更打钟击鼓,启明时复鸣钟报晓。但皇帝住在宫中时,规定神武门不再鸣钟。作为皇宫的后门,神武门是宫内日常出入的重要门禁。明清两代皇后行亲蚕礼,即由此门出入至北海先蚕坛。清代每三年一次选秀女,备选者经由此偏门入宫候选。嘉庆十年(1805),嘉庆帝曾在神武门外遭遇闯门行刺。1924年逊帝溥仪被逐出宫,出宫之时亦由此门离去。

东华门、西华门为宫城的东、西城门，东西相对，位于东、西城垣的近南端，距离东南、西南角楼各百余米。这样布置东西两座宫城大门，既便于外朝使用，也可减少人员出入对内廷生活的干扰。其修建时间、城台与城楼形制等均与神武门略同，但东华门、西华门城楼的进深为三间，而神武门进深一间。

东华门门楼自清乾隆二十三年（1758）始用于安放阅兵时所用的棉甲，每隔一年抖晾一次。清初，东华门只准内阁官员出入，乾隆朝中期，特许年事已高的一、二品大员出入。清代大行皇帝、皇后、皇太后的梓宫皆由东华门出，民间俗称"鬼门"。东华门门钉与其他三门九路九颗不同，为八路九颗，内含阴数，相传也与此有关。西华门门楼用于安放阅兵所用棉甲及锭钉盔甲。出西华门，正对皇家园林西苑，清代帝后游幸西苑、西郊诸园，多由此门而出。八国联军攻打京城时，慈禧太后、光绪皇帝一行即由西华门离宫，仓皇西逃。

宫城的四座角楼，在须弥座之上，两层台基，周边绕以石栏。中为方亭式，面阔进深各三间，每面8.73米，四面明间各加抱厦一间，靠近城垣外侧两面地势局促，故抱厦进深仅为1.6米，而城垣内侧的两面地势较开阔，抱厦进深加大为

故宫东华门外下马石碑

3.98 米，平面成为中点交叉的十字形，蕴含着曲尺楼的意匠。角楼连城台通高 27.5 米，三重檐，由多个歇山式组成复合式屋顶，覆黄琉璃瓦。上层檐为纵横相交四面显山的歇山顶，正脊交叉处置铜镏金宝顶。檐下施单翘重昂七踩斗拱。二层檐四面各加一歇山式抱厦，四角各出一条垂脊，多角搭接相互勾连，檐下单翘单昂五踩斗拱。下层檐四面采用半坡腰檐，四角出垂脊，用围脊连贯，檐下重昂五踩斗拱。下层檐和二层檐实际上四面各是一座重檐歇山顶加垂脊集合在一起的屋顶形式。三层屋檐合计有 28 个翼角、16 个窝角、28 个窝角沟、10 面山花、72 条脊、屋脊上的吻兽共 234 个。故宫角楼继承了我国古代木构建筑灵活多变的传统做法，使用功能和装饰效果得以巧妙地结合，展现出我国古代匠师们的高超技艺和卓越才能。

故宫角楼近景

晚清民国时期

1860年,第二次鸦片战争的战火延烧到北京,北京近代史的历程就此展开。昔日的王朝帝都,一步步向半封建、半殖民地统治中心演变,并且愈陷愈深。西方列强的侵略、政府当局的腐败无能、积贫积弱的社会经济以及城市现代建设的冲击,使得古老北京的城墙和城门也开始了厄运之旅。

晚清北京的城墙与城门

西方列强的武力破坏

晚清时期,北京曾先后遭遇了英法联军、八国联军两次武装侵略。西方列强的军事侵略使北京人民的生命财产蒙受重大损失,也使古老的北京城墙与城门遭到了野蛮的蹂躏。

北京城的城墙和城门,第一次被西方列强占领和控制,发生在第二次鸦片战争期间。

1856年,英、法为了扩大在华权益,发动了第二次鸦片战争。1858年,英法联军攻占大沽、天津,逼迫清政府签订了《天津条约》。1859年6月,双方又因换约问题爆发了冲突。1860年8月,英法联军攻占天津后,随即进犯京师,并于9月抵达通州附近。清军在张家湾、八里桥先后进行了顽强抵抗,但还是以失败而告终。9月22日,咸丰皇帝带着后妃及王公大臣出逃热河行宫,留下恭亲王奕䜣负责与英法谈判。

10月,英法联军进逼北京城下,在安定门、德胜门、西直门、阜成门外大肆纵火抢掠,长达50余天,使这四座城门外的关厢、村镇几乎沦为废墟。10月13日,英法联军以武力威胁,以欺骗

安定门城墙上的英法联军大炮

手段占领了安定门。本来事先商定入城议和所带人数不得过百，但英法联军并不遵守诺言，城门一开即刻"拥入数千人，立时恃悍登城，猱升望杆，悬起彼国五色旗帜，尽逐我城上防兵"，"将我大小炮位掀落城下，纳诸沟中。自于城楼里面，安设夷炮大小四十六位，炮口皆南向，城门听其启闭"。15日，各城清军守兵完全撤退，"东至角楼，西至德胜门，夷兵皆布满，城门把守，禁我国人出入"，实际占领了北京城。英法联军在城中"遨游宫禁，窜扰坊市，横刀跃马，动辄伤毁，遇妇女则群拥之，污辱备至"。

他们甚至胁迫顺天府尹带队，由地安门进入皇城之内，擅自进入咸阳宫、景山、大高玄殿，一直骚扰到宫城神武门外桥。10月18日，英法联军焚掠了西郊的"三山五园"，昔日金碧辉煌的御园顷刻间陷于火海之中。10月24、25两日，奕䜣分别与英、法签订了中英、中法《北京条约》。同年11月，英法联军撤军，所幸城门及城垣受到的损害不大。

1900年，八国联军的炮火给古老的北京城墙和城门带来了严重的破坏，一些城门和城墙在战火中遭到完全或部分的摧毁。

1900年春夏之交，山东、直隶一带的义和团运动扩展到北京地区。义和团以"扶清灭洋"为宗旨，对西方列强以及与西方相关的事物进行不加区分的打击。西方教堂及其附属建筑、外国公馆住宅、洋行商店、跑马场、俱乐部、墓地坟茔等，都是义和

大火中的前门箭楼

团打击的对象，大批外国建筑被焚毁。6月16日，义和团为禁止贩售洋货，将前门外大栅栏老德记西药房等洋货铺纵火焚烧，火势失控延烧到附近街道商铺，受灾范围南至小齐家胡同，西至观音寺街，东至前门大街，北至西河沿西月墙，火光冲天，一直延续到次日。这场大火烧毁店铺四千余家，正阳门箭楼也被大火波及，彻底被毁。

为了镇压义和团运动，1900年5月，英、法、美、德、俄、日、奥、意组建了八国联军，发动侵华战争。8月13日，八国联军兵临北京城下。按照计划，14日攻城，俄军被指派攻打东直门，日军攻打朝阳门，而美军和英军则分别攻打东便门和广渠门。当天夜晚，俄军提前发动了进攻。他们用大炮将瓮城的闸门轰破，进入瓮城后与守军发生激战。此后，日军也加入了提前攻击的行列。凭借

被八国联军毁坏的朝阳门箭楼

兵力雄厚的优势，日军集中了所有44门大炮，先后向朝阳门发射了一千多发炮弹，使整个城门箭楼都变成了一堆废墟。但他们在攻城时，仍遇到守军的顽强抵抗，多次进攻也未能得手。后来，日军向东直门派出了另一支部队，并且用烈性炸药炸开了城门，直到15日凌晨，俄、日军队大部队才得以全部进城。美军进攻东便门未遇到强烈抵抗，得以率先进入外城，但在进攻内城崇文门时受到抵抗。英军在广渠门遇到轻微抵抗后，很快也攻入外城，并继续进攻宣武门。攻破内城后，联军继续进攻皇城，并占领了天安门，才停止继续向紫禁城的攻击行动。

北京城被攻占后，八国联军公开允许士兵抢劫三日，以后各种抢劫行为一直没有中断，从公使、将军直到传教士、士兵都参与了这一暴行。原本部分修复的圆明园、颐和园又再次遭到毁坏，皇家宫殿、坛庙、官府衙门仓库，以及各种公私财物，都未能幸免。经过这场浩劫，"中国自元明以来之积蓄，上自典章文物，下至国家奇珍，扫地遂尽"。在八国联军的铁蹄蹂躏下，北京成为了一座人间地狱，英国外交家欧内斯特·萨道义在城破一个多月后进入北京时，仍感觉"就像进入了一座巨大的死亡之城"。作为重要防御阵地的城墙城门，损失惨重。事件亲历者日本人植松良二记载道："巍然之橹楼，为联军击碎烧弃，已失数百年来巍峩之美观，旧迹留者，仅一二耳。城内外惨遭兵燹，街市毁失，十分二三。"

除了之前被烧毁的正阳门箭楼外，朝阳门箭楼、崇文门箭楼、内城西北角楼、外城东北角箭楼等均在战争过程中被毁。正阳门

失去角楼的外城东北角

的城楼在战争过程中被伤及，后因驻守的侵略军（英国雇佣的印度士兵）生火取暖不慎起火而被彻底烧毁。此外，还有一些城门建筑也遭受了不同程度的破坏。文物工作者在修缮北京内城东南角楼以及天安门城楼的时候，均在墙体和屋顶发现当年的炮弹和子弹，经过晚清、民国时期的修葺，仍有残留，可以想见当年破坏之大。

城墙城门的修缮与变化

清中叶以后，清廷财政越来越拮据，在城垣、城门的修葺方面开始显出有心无力的窘态。

北京的城墙与城门虽修建于明朝，清朝只是沿用，但清朝在城墙与城门的维护与管理方面则形成了比较完备的制度。特别是乾隆年间，国库充裕，将原本定期勘查城垣的制度，改成由步军统领衙门随时派人勘查，遇到应修工程，及时报给工部修复。到了光绪年间，则改为"分别工程轻重，奏明请旨办理"，财政不敷应用的实际情况十分明显。

以前门箭楼工程为例：前门箭楼曾五次遭遇火灾，其中三次在清代。乾隆四十五年（1780），箭楼火灾，当时仅用4个月便修复完工。道光二十九年（1849）十二月，正阳门外东瓮城铺户起火，火势蔓延，殃及正阳门第一层箭楼。由于"明年修复方位不宜"，道光皇帝指派内务府大臣迅速勘估兴修，务必要赶在立春之前开工。然而修复工程用银6.88万两，以及重建箭楼所需三丈四尺多的大木柁，因人力物力困乏，一时无法筹办。最终只得将西郊畅春园的宫殿大梁拆下使用，修建工程耗时两年才完工。而1900年箭楼焚毁后，其修复工程1902年即开始筹划，但国库亏空，拿不出钱来修复正阳门，袁世凯要求各省大员"捐资助修"，直至光绪三十二年（1906）才竣工。1902年，慈禧太后和光绪皇帝回宫的时候，为了遮掩和装饰损坏的正阳门，只能在楼上搭起一座彩绸牌楼。

财政的拮据，使得城墙和城门的维护越来越差，自然的和人为的损坏越来越多。1861年，普鲁士使臣在给友人的信中，对北京城门及城墙的状况进行了描述：北京内城的角楼和城楼"整个的建筑太破败了，看来无法用于真正的防卫……只有城墙的基座用的是方石，其他的都是黄灰色的砖石，似乎没有烧制过，仅

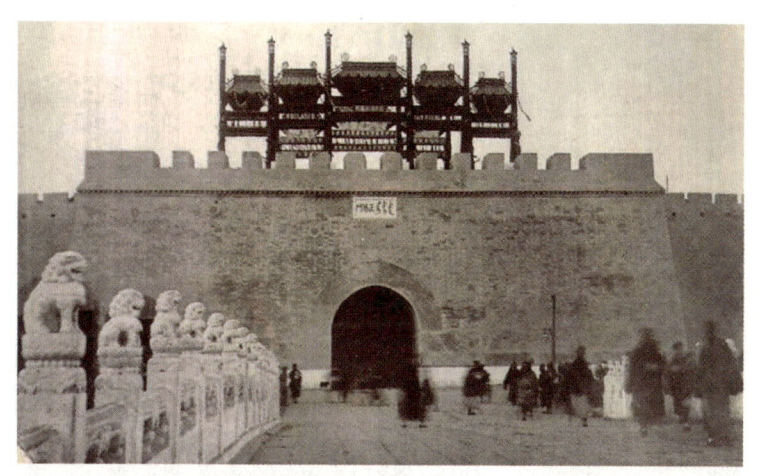

正阳门瓮城上的彩绸牌楼

仅晾干而已,有好几英尺都是这种材料,已经有些风化了。如果仔细维护的话,城墙还能挺住好几百年。但是附近的居民把它当成采石场,政府又无法阻止,很多用基座的石头砌成的小房子就是明摆着的证据,拿走是那么的方便,何乐不为呢!"当然,对于那些帝后经常路过的城门与城墙的修葺则相对好一些。例如,1892年颐和园修成后,为了准备慈禧太后60寿辰,清政府在1894年将去颐和园途中的几座城门如西直门、德胜门等重新加以修葺。

尽管城墙和城门在近代战争当中的作用越来越微弱,但是它仍然是君主专制和京师气象的代表,所以在《辛丑条约》签订之后,重建和整修在战争中被毁坏的城墙和城楼便成了清政府的当务之急。1902年,袁世凯奉旨重修正阳门,此工程进行了整整五年,耗资43万两白银。与此同时,朝阳门等的重建和整修工程也得

左安门坍塌的城墙马道

以启动,各个城楼在战争中不同程度所受到的毁坏逐步得以修复。但崇文门箭楼和西北角楼,始终没有修复,直到最后被拆除。民国成立以后,城墙不但实用功能大大削弱,就连象征意义都已基本失去,年久失修的现象越来越多。

与此同时,由于修筑铁路、使馆区的设立等原因,一些城墙和城门的状况开始发生改变。在八国联军占领北京期间,原本被清政府拒之城外的铁路也修建到了北京城内。1901年2月,英国人利用津卢复线的钢轨,擅自将铁路自马家堡延长到永定门外。之后,英国军队又将永定门城楼西边的一段城墙拆毁,将铁路展修至天坛,并在天坛坛墙附近设立了火车站。天坛火车站建成以

穿过外城南城垣的铁路

后,并没有使用多久就停用了。一方面,清政府无法改变火车入城的既成事实,而且天坛为帝王祭天祈谷之地,铁路修到此处实在有损朝廷脸面和干犯风水;另一方面,西方列强也不满意,他们认为天坛距离东交民巷使馆区还是有点远,上下车不方便。于是,经过商议,火车又往北京城的心脏地带进一步挺进。1901年英人将自永定门至天坛一线拆除,进京铁路将永定门以东城墙拆除一段,形成豁口入城,穿东便门北侧及西侧城墙取直向西,经崇文门瓮城而直达前门以外的火车站。

前门火车站的修建,在古老的北京城墙上无情地打开了一个大大的缺口,仅这段铁路就使北京的外城、内城拆开了三段豁口。崇文门瓮城城墙则被开出洞门,闸楼被拆除。西方列强最终凭借武力冲破了气象森严的北京城,以胜利者的姿态将铁路修到象征清朝政府国门的正阳门侧畔。在这个与清朝最高统治机构如此接近的地方修建车站，以清王朝的一贯态度，是根本不可能的。这一点，连外国人也毫不讳言，若没有战争，是绝对不可能实现的。美国学者肯德在《中国铁路发展史》中写道："这条铁路的终点已从北京外城以外的马家铺，移至使馆界附近的内城。同时水门也已拓宽，并且造了一条良好的道路，结果从前要走3里路，现在从北京车站到所有的公使馆只要几分钟了。这样一条展筑线，或者可以说，事实上几乎完全可以这样说，如果不是在战争时期由一个外国军事机构建筑，那是决不能筑成的。"火车站虽然位于内城之外，但是与东交民巷使馆区也仅一墙之隔，通过正阳门、崇文门均可以到达。

1905年，为了更加方便出入火车站，东交民巷使馆区工部局在正阳门以东的御河上加盖水泥板，并在城墙原水关的位置开

水关门

辟券洞，门洞内安置铁门两扇，两侧挖有耳室。自此，北京内城南城垣新辟一出口，民间俗称"水关门"。水关门的开辟，成为北京明代城垣筑成以后，修筑新门以利通行的开端，也是北京内城城门格局发生变化的开始。

除了津卢铁路打破内外城墙外，1901年建成的东便门至通州支线，在东便门开了新的缺口。此后，卢保铁路也在广安门迤北凿出了一个豁口，铁路沿着内城南墙墙根一直延伸到正阳门瓮城以西。这样，外城城墙增加了3个缺口，城墙与城门的格局也发生了变化。当然，这种改变并不仅仅局限于城墙与城门，还有由此引发的精神世界的变动。著名的德国汉学家福兰阁对此做出了如下评价："第一眼看到雄伟的城墙、城门、箭楼以及坚实的雉堞，那种感觉真是惊心动魄。对我来说，这个由13世纪的世界统治者蒙古人建造的巨大防御设施，是亚洲权力意识的标志；

东便门外铁道口

特别对外来者来说，它代表的统治意志是不可估量的，是崇高和威慑的混合。如今，城墙因为建火车站的缘故被开了缺口，火车呼啸着在墙边驶过，这种崇高和威慑感也就不复存在了。"

民国时期北京的城墙与城门

皇城改造与皇城墙的拆卖

皇城地处北京内城中部，在清朝为禁地，四周有高墙围绕。生活在北京东、西城区的居民，往来必须绕道至大清门外棋盘街或者地安门北的皇城根，极为不便。天安门前有长安街可以分别连接东、西城，但因长安左门和长安右门等城门和城墙的阻隔，也无法顺利通行。即使在皇城内部，也只有东华门、西华门及地安门可与外界沟通，本身也存在很大不便。随着中华民国取代了大清王朝，北京长期以来以帝王为中心的城市格局逐渐被打破，昔日的皇家禁地成为平民大众可以涉足游览之地，改造皇城、改善城市交通，变得更加迫切。1914年成立了"京都市政公所"，内务总长朱启钤为首任督办。市政公所主管城市建设，有"统辖全市执行市政之权"。市政公所成立之初，即在道路规划整修、桥涵改造、疏通河渠等方面进行通盘规划，并逐步实施。

1912年，改善城市交通的工程即已开工。长安左门和长安右门的门槛被拆除，中华门内的东西千步廊，东、西三座门以及两侧的宫墙，东、西公生门及其两侧的皇城墙，都被一一拆除，开辟了天安门前的东西通道，使长安街成为贯通东西的干道。后来，在皇城内也开辟了一条东西道路。紫禁城神武门外的北上门及东西

朱启钤像

角门，北海前面的东、西三座门，在工程中被拆除，沟通了皇城的东西交通，也打通了朝阳门与阜成门之间的东西向道路，即今天的朝阜路。这条路沿线有代表不同时代的文化建筑，如北大红楼、故宫、景山、北海、国立北平图书馆等，得到世人的称赞。鲁迅称之为"最具北京风味的一条街"，老舍则认为它是"北京最美的街道"。

在打通道路的同时，皇城城墙也陆续开辟了很多新的出入口。1912年，在南池子和南长街南端的皇城南墙上各增辟一大两小三个券门，便于皇城与长安街的联系；后来又在太庙和社稷坛前面的皇城墙上开辟新门，便于游览参观；灰厂街（今府右街）、菖蒲河等处亦开辟了通道。在东城垣的翠花胡同处增辟通道，使皇城道路直达王府井大街；在地安门西大街厂桥增辟通道，通往德胜门内大街及德胜门。此外，还将中南海宝月楼改造成为新华门。袁世凯就任大总统后，将中南海作为总统府。为了开通往长

民国时期的新华门

安街的道路，将宝月楼下层当中三间打通，改建为大门，改建后的宝月楼被命名为新华门。又将挡在门前的皇城墙扒开一段缺口，加砌了两道八字墙，使缺口与大门衔接，并在门内加建了一座红墙黄瓦的大影壁，以遮挡外人视线。为改善总统府前的观瞻，还在新华门对面的"府前街"南侧砌筑了一道西洋式花墙，以遮挡背后杂乱破旧的民房。

民国时期，皇城的城墙被大规模拆除，除了为方便交通的少数举措外，更多的还是政治的动乱以及当局盗卖的结果。继1912年袁世凯唆使曹锟发动士兵哗变烧毁东安门以后，在1917年张勋复辟过程中，段祺瑞的"讨逆军"在进攻张勋的住宅时，拆毁了菖蒲河一段皇城南城墙。同年，灵境胡同以北的西皇城墙也被拆毁。由于拆墙过程中，军阀与奸商联合盗卖城砖，引发了社会公愤而一度被迫中止。但是很快北京政府当局以"宫署欠薪"为名，再次将火烧残存的东安门以北、地安门东北部的城墙逐次拆卖。1921年4月，京都市政公所招商承修白塔寺以东的大明濠南段，拆用东安门南段以及西皇城根灵清宫一带的皇城砖作为材料。1923年以后，西安门往南等处的皇城城墙也被拆毁。1926年、1927年，当局又大量拆用城砖，用于修建暗沟、道牙、影壁、房屋等工程。最终，皇城城墙除今天安门两侧遗存外，其余全部被拆除。

在此过程中，出现大量腐败渔利之事，1927年8月至9月间，北京政府国务院成立了"查办京师拆卖城垣办事处"，对事件进行调查。当时的调查结果，在《北京档案史料》1997年第6期总结发表。报告称："拆下之砖，除用于大明濠沟工程外，有用作他工程者，有各自请拨者，有卖出者，有标卖者。"其中无偿拨付给官僚政客使用的就有数万块之多，整段标卖的达到1公里以上。

对皇城城墙大面积的消失，喜仁龙非常感慨。他在《北京的城墙和城门》中写道："有多少古老的街道被展宽，多少皇城周围华丽的粉红色宫墙为了铺设电车轨道而被拆毁，古老的北京正被迅速地破坏，它已失去昔日皇城的面目，但却没有一届政府去设法保护它那些最值得骄傲、最珍贵的古迹。"

正阳门改造与环城铁路

前门地区明清以来就是北京综合的商业中心与金融中心，人口高度稠密。晚清时期，此处又是京奉铁路和京汉铁路的交会处，流动人口数量激增，旅店客栈云集。随着商业的日益繁荣，瓮城东西的荷包巷成为临时集市，商民支棚架屋，使得道路益发狭窄。出于军事目的设计的城墙、护城河、石桥和城门洞形成几个瓶颈，造成严重交通拥堵。

清末新政以后，引入西方交警制度，在一定程度上缓解了矛盾。《京华百二竹枝词》写道："人马纷纷不可论，插车每易见前门。而今出入东西判，鱼贯行来妙莫言。"并解释说，"出入车马，

拥堵的前门

前门最多。往日一经插车，动辄时许；今则东出西入，井井有条，往来行人，无不称便"。近代交通管理的引入，并没有彻底解决问题，特别是遇到节庆场合，问题更加严重。1915年在中央公园举行全城居民代表大会，居住在外城的人光是通过前门城楼就花去了一个多小时。在这种情况下，时任民国内务部总长的朱启钤向大总统袁世凯提出了改造正阳门的建议，得到了批准。

改造正阳门的消息一经传出，京城哗然，各种反对的声音不绝于耳。据朱启钤回忆，"所事皆属新政，建设之物，无程序可循，昕昕擘画，思虑焦苦"。"乃时论不察，訾余为坏古制侵官物者有之，好土木恣娱乐者有之，谤书四出，继以弹章，甚至为风水之说，耸动道路听闻，百堵待举而阻议横生"。对此，袁世凯表现出力挺的态度。他专门制作了一把重30余两的银镐，以大总统名义颁发给朱启钤。在50厘米长的红木手柄上嵌有银箍，在银箍上刻有"内务总长朱启钤奉大总统命令修改正阳门，爰于1915年6月16日用此器拆去旧城第一砖，俾交通永便"字样。

1915年6月16日，朱启钤冒雨主持了开工仪式，并用袁世凯制作的银镐刨下了城墙上的第一块砖。工程具体设计与施工由德国建筑师罗克格负责，经费预算由京奉铁路和京汉铁路各出20万银圆。在施工过程中，还将京奉、京汉铁路的道轨分别延伸到东西瓮城之下，将施工产生的8.8万立方米的渣土直接装进车皮，运送到东便门和西便门一带，平垫铁路两侧洼地。此举既加快施工进度，节省运输费用，又使铁路线路得到加固，农用土地的面积得到扩展，可谓一举多得。正阳门瓮城以及闸楼的砖石木料，则用于中央公园一息斋、绘影楼、春明馆等建筑物的维修扩建。1915年年底，工程完工，全部费用29.8万余元，其中包含拆迁补偿费用7.8万元，比预算节约了四分之一以上。

正阳门改造工程开工典礼

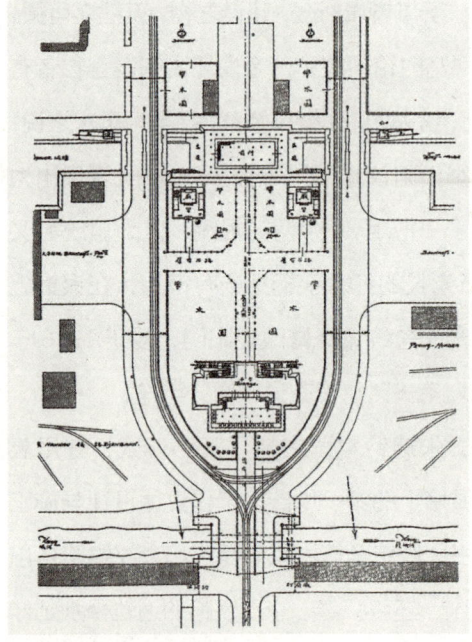

改建后的前门总平面图

施工完成后，正阳门瓮城以及瓮城上的闸楼被拆除，在瓮城和南城垣相交的地方，也就是正阳门城楼的两侧，各开宽9米、高8米的门洞两座，原瓮城墙基址上修筑了两条宽20米、两侧设人行道的马路。在新辟的洞门之下新修暗沟800米，并在中华门与护城河之间修筑了两条暗沟，以备夏季雨水集中时宣泄排放。此外，还拆除了正阳门与中华门之间的棋盘街，铺设了石板地面；拆除了中华门内已坍塌的千步

改建后的前门城楼

廊；对道路之外的公共空间进行了改造和装饰，修建了石栏、路灯、绿地、喷泉等。瓮城城墙拆除后，正阳门箭楼孤悬在城门之外。罗克格对箭楼进行了改造，在东西两端增筑悬空月台两座，下砌八十二步石台阶踏步，台级衔接处展设平台。还增加了西洋样式的窗洞券和端墙巨大的水泥浮雕，在中国古典风韵中，融入了西

正阳门箭楼今景

洋意趣，与正阳门东西洋风格的火车站建筑造型相呼应。当然，这种将西洋建筑元素加入古老的箭楼的改造方式，也招来不少批评。喜仁龙就认为，箭楼"用一种与原来风格风马牛不相及的方式重新加以装饰"，"在前门整个改造过程中，箭楼的改建确实是最令人痛心的，而且这种改建简直没有什么实际价值和理由"。

改建后的正阳门地区交通变得便利了，两大铁路造成的拥堵也缓解了，但古老的正阳门瓮城也随之永久消失了。酷爱北京城墙城门的喜仁龙的评论，也许能代表当时甚至是现在许多人的心情。他在《北京的城墙和城门》一书中说道："那些有幸能看到当初带有瓮城、瓮城门和瓮城场地的前门原貌的人，看到如此多的古建筑被大规模拆毁，无不感到痛惜；但他们也承认，原有状况无论是从卫生或是交通的观点来看，都是不能容忍的。"

在正阳门改造工程举行开工仪式的同一天，另一项对北京内城的城墙同样影响重大的工程——京师环城铁路工程同时启动了。

晚清时期，北京陆续兴修了数条铁路，并成为中国铁路交通的枢纽城市，但是火车站分布极不合理，给客货运输带来不小的困难。在火车站的分布上，京汉铁路在前门和西便门设有两座火车站；京张铁路在西直门和广安门设有两座火车站；京奉铁路则在前门和东便门设有两座火车站。火车站主要分布在城西侧和南侧，而在北京北部和东部的城门附近则没有一处火车站。这种不合理的车站分布，带来了很大的交通不便。例如，在京张铁路线上的西直门站下车又计划前往前门的人，只能乘坐人力车或公共马车，步行就要花上几个小时，如果再有沉重的行李或货物，那更是苦不堪言。同样，要从前门到东边或北边的城门也不是一件轻松之事。另外，京汉、京张、京奉铁路都按着自己的火车时刻表运行，相互之间的转接不在考虑之列。当时，唯一能将这三条铁路连通的车站是丰台站，但丰台车站距离城区尚有10多公里。从城里到丰台站去转车，难度甚至要大于各个城门间的交通。

　　针对这种情况，1914年5月，朱启钤向总统府呈请，"展修京都环城铁路，由京张路局筹款承修，接通京奉东便门车站，以利交通而兴市政"，获得了袁世凯的批准。环城铁路计划由京张铁路西直门站起，经过德胜门、安定门、东直门、朝阳门，在通州岔道与京奉铁路接轨，最后到达正阳门。环城铁路选择的是环绕内城，没有将外城纳入规划范围。林传甲的《大中华京兆地理志》如是分析："环城铁路利用者，唯东北之朝阳、东直、安定、德胜四门。此四门城内皆街巷稠密，城外亦有大街、商场、马路。

环城铁路经过德胜门

若外城除永定门有京奉铁路、京苑铁路，广安门有京绥铁路外，左右安门及广渠门，大抵城内亦多菜园、荒地、坟墓，城外居民尤少，客货必比内城更少。是以勘测路线，不绕外城。"1915年6月16日，环城铁路开工，同年12月24日，工程竣工。由于铁轨修建在城墙与护城河之间，为使铁路畅通以及修建火车站，只得将北京内城的朝阳门、东直门、安定门、德胜门、西直门等具有特色的瓮城全部拆除，使北京城墙与城门遭到较大规模的拆毁、改建。

值得一提的是，朱启钤呈请时的计划中，修筑京师环城铁路，在修改瓮城方面要仿照崇文门瓮城的修改方案。但是在实际施工过程中，并非如此。京奉铁路穿过崇文门瓮城时只是开了两个洞门，朝阳门、东直门等城门在修建铁路时，瓮城的城墙几乎荡然无存。因此，喜仁龙认为，"东垣二门，在修建环城铁路时，被毫无意义地进行了改建"。其间的差别，实际上也是晚清和民国当局对城墙的态度的转变。

内城新辟城门

民国时期，北京内城城垣上先后增辟了三座新的城门，分别是今天的和平门、复兴门和建国门。

中南海下游，原有条向南去的古水道，在明清两代，这条水道一直是条重要的城市排水干道。其北段留在现北新华街一线，旧时被称作东沟沿儿，或河槽沿儿。南段则在外城南新华街一线，经虎坊桥一直流到先农坛附近一片苇塘中。新华门开辟以后，1913年，在朱启钤主持下，新华门前的这条排水沟被改为暗沟，其上建起了一条北起西长安街、南抵内城南城墙的街道，称北新华街。北新华街建成后，原来连在一起的绒线胡同、帘子胡同、安福胡同等都被分成东、西两段分别命名。北新华街与南新华街隔内城南城垣相对，南新华街附近有厂甸，厂甸是北京南城繁华的商业区和最热闹的庙会场所。但内城的人想逛厂甸只能绕行宣武门或前门，比较不便。朱启钤原计划将此处城墙打通，将内外城由河道改造而成的南新华街连成一线。计划报到袁世凯处，袁世凯最初表示同意。消息传出，前门一带的富商担心此举会导致行人分流，影响前门的生意。他们遂通过行贿游说，编造打通城墙会泄露风水不利于总统等说辞，使袁世凯放弃了开凿城门的决定。在新华街交会处开城门的提议，因袁世凯称帝以及后来的局势动荡，被长期搁置了。

1926年，冯玉祥国民军将领鹿钟麟出任京畿警备司令后，下令将南北新华街阻断处的城墙打通，开辟了两个门洞，分为上下行通道，命名为和平门。此外，和平门外护城河上，还加修了石桥。1926年11月17日的《顺天时报》对和平门的状况进行了报道，"计高四丈余（约14米）……与之（城垛）略高数尺，门上作圆式，高三丈四尺，宽三丈零八寸，城深上六丈，下六丈余，介二门之中央，上面嵌书家华士奎在上海书颜体楷字'和平门'，'和平门'三字横列，系青石凿成阴文，每字三尺二寸，非常丰润庄重，颇现和蔼之相，三字之四边，镶青石条，宽五寸许，均

和平门

刻洋花,纹颇粗浅"。奉系军阀主政北京之时,曾将和平门改称"兴华门"。国民革命军二次北伐占领北平后,又改为和平门。1958年,和平门的券门及顶部城墙被拆除,改为豁口。后来随着城墙的拆除,和平门亦告消失,仅余地名。

今天的复兴门、建国门,修建于日据北京时期。1941年,日伪当局制订的"北平都市计划",将西郊新市区主要功能定位为"容纳枢要机关及与此相适应的住宅商店",东郊新市区则规划为工业区。为了沟通西郊和东郊"新市区"的交通,便于西郊居民前往东郊上班,日伪当局计划建立一条东西向80米宽的长安大街。为此,1941年6月,专门在内城东西城墙各辟一个门洞,分别起名为"启明门"和"长安门"。虽然这两个门洞称为"门",但实际上只是一个豁口。豁口的宽度大约7.5米,两侧留3米多的城墙基础,再用砖砌斜坡至城墙顶部。

抗战胜利后，北平光复，应各界要求，两座城门改为"建国门"和"复兴门"，并一直沿用至今。民国北平市政当局还对复兴门进行了改建，沿着豁口以砖砌城台，辟券门，券门高 6.5 米，宽 10 米，装双扇铁门。20 世纪 50 年代，在长安街拓宽工程中，这两座门随城墙被拆除，复兴门的土方用于北海大桥的加宽工程。

复兴门

在民国时期，北京的城墙与城门既有相当程度的拆除，又有一定程度的维修，但总体来说，拆多于修。1948 年，平津战役期间，北平国民党守军在城墙上打城防洞、挖战壕、筑碉堡，修筑了许多城防工事，对北京城墙及其附属设施造成了很大的破坏。到中华人民共和国成立，北京内城九门中尚存城楼 8 座、箭楼 5 座，外城七门中，尚存城楼 7 座、箭楼 6 座。内外城墙虽多处开设豁口，不少地段年久失修、坍塌倾圮，但总体形式仍存。

1949年10月以后，北京市政府曾一度拨款对残破的城楼、箭楼进行维修。但后来因筑路、兴修地铁等城市建设工程，到20世纪70年代，北京的城墙和城门被大部分拆除，只有正阳门城楼和箭楼、德胜门箭楼、东南角楼等少数建筑以及部分内城南垣得以幸存。

参考文献

（西汉）司马迁：《史记》，中华书局，1998年。

（元）脱脱等：《辽史》，中华书局，1974年。

（元）脱脱等：《金史》，中华书局，1987年。

（宋）叶隆礼：《契丹国志》，上海古籍出版社，1985年。

（宋）宇文懋昭：《大金国志》，商务印书馆，1936年。

（明）萧洵等：《北平考·故宫遗录》，北京古籍出版社，1983年。

（明）姚广孝等：《明实录》，台北"中央研究院"历史语言研究所1962年影印本。

（清）官修：《清世祖实录》，中华书局，1986年影印版。

（清）官修：《清高宗实录》，中华书局，1986年影印版。

（清）孙承泽：《春明梦余录》，文渊阁四库全书本；《天府广记》，清钞本。

（清）于敏中：《日下旧闻考》，北京古籍出版社，1991年。

（清）官修：《大清会典则例》，文渊阁四库全书本。

（清）张廷玉等：《明史》，中华书局，1974年。

（清）官修：《清会典》，中华书局，1991年。

（清）官修：《清会典事例》，中华书局，1991年。

（清）周家楣、缪荃孙等：《光绪顺天府志》，北京古籍出版社，1987年。

刘敦桢主编：《中国古代建筑史》，中国建筑工业出版社，1984年。

（瑞典）奥斯伍尔德·喜仁龙著，许永全译：《北京的城墙和城门》，北京燕山出版社，1985年。

傅公钺编著：《北京旧影》，人民美术出版社，1989年。

于杰、于光度著：《金中都》，北京出版社，1989年。

朱偰著：《北京宫阙图说》，北京古籍出版社，1990年。

陈宗蕃：《燕都丛考》，北京古籍出版社，1991年。

北京市政协文史资料研究委员会，中共河北省秦皇岛市委统战部编：《蠖公纪事——朱启钤先生生平纪实》，中国文史出版社，1991年。

曹子西主编：《北京通史》（全十册），中国书店出版社，1994年。

王同祯著：《老北京城》，北京燕山出版社，1997年。

北京大学历史系《北京史》编写组编：《北京史》，北京出版社，1999年。

朱祖希著：《北京城——营国之最》，中国城市出版社，1999

年。

侯仁之主编：《北京城市历史地理》，北京燕山出版社，2000年。

苏天钧主编：《北京考古集成》（全十五卷册），北京出版社，2000年。

罗保平：《明清北京城》，北京出版社，2000年。

张先得：《明清北京城垣和城门》，河北教育出版社，2003年。

张复合著：《北京近代建筑史》，清华大学出版社，2004年版。

陈平、王世仁主编：《东华图志——北京东城史迹录》（上、下册），天津古籍出版社，2005年。

李燮平著：《明代北京都城营建丛考》，紫禁城出版社，2006年。

杨宽著：《中国古代都城制度史》，上海人民出版社，2006年。

于德源、富丽著：《北京城市发展史》（先秦—辽金卷），北京燕山出版社，2008年。

王岗著：《北京城市发展史》（元代卷），北京燕山出版社，2008年。

李宝臣著：《北京城市发展史》（明代卷），北京燕山出版社，2008年。

吴建雍著：《北京城市发展史》（清代卷），北京燕山出版社，2008年。

袁熹著：《北京城市发展史》（近代卷），北京燕山出版社，2008年。

赵其昌：《京华集》，文物出版社，2008年。

郭黛姮主编：《中国古代建筑史》第三卷，中国建筑工业出版社，2009年。

潘谷西主编：《中国古代建筑史》第四卷，中国建筑工业出版社，2009年。

陈高华、史卫民著：《元代大都上都研究》，中国人民大学出版社，2010年。

韩光辉著：《从幽燕都会到中华国都——北京城市嬗变》，商务印书馆，2011年。

林传甲：《大中华京兆地理志》，中国青年出版社，2012年。

侯仁之主编：《北京历史地图集》（政区城市卷），北京出版集团文津出版社，2013年。

北京市古代建筑研究所编：《北京古建文化丛书：城垣》，北京美术摄影出版社，2014年。

孙冬虎、许辉：《北京历史人文地理纲要》，中国社会科学出版社，2016年。

（瑞典）喜仁龙著，沈弘、聂书江编译：《老北京皇城写真全图》（上、下册），广东人民出版社，2017年。

后 记

对北京城墙和城门等问题的关注，源于20年前《北京志·建筑志》的编写。在编写过程中，得到了黄重光、胡世德、黎冰、张琰、李燕秋等先生的帮助和指教。各位先生博学多识、温厚端方，虽年事已高，但全心投入的敬业之心，让我至今难忘。在后来的教学科研过程中，我也不断涉及这方面的问题，积累了一定的资料。其间，李淑兰老师的提点与帮助，师友同道间的交流，与学生的教学互动，都让我获益匪浅。在《北京的城门与城墙》的编写过程中，北京市地方志办谭烈飞先生、北京出版社于虹老师，提供了很多珍贵资料和宝贵意见，为本书的出版付出了大量辛勤劳动，在此深表感谢！

本书在编写过程中，大量参考引用了前辈时贤的高文典册，在此对这些高文典册的作者深表谢意！虽然所引资料绝大部分注明了出处，但还有许多未一一列举，特别是一些源自网络的珍贵图片甚至无法知道确切作者，对此本人在心存感激的同时也深表歉意并永志不忘。

  由于水平有限，相关建筑的结构、装修等亦屡有变化，书中难免有错误和遗漏之处，请广大读者、专家学者批评指正。

宋卫忠
2018 年 1 月